DE
L'EDUCATION
DES DAMES
POUR LA CONDUITE
DE L'ESPRIT
DANS LES SCIENCES
ET DANS LES MOEURS.

ENTRETIENS

A PARIS,

Chez JEAN DU PUIS, ruë S. Jacques,
à la Couronne d'or.

___

M. DC. LXXIV.

Avec Permission.

A

SON ALTESSE

ROYALE

MADEMOISELLE.

Mademoiselle,

Aprés avoir fait voir aux femmes qu'il n'y a rien de grand dont elles ne soient aussi capables

ã ij

que les hommes, j'ay crû qu'il ne
suffisoit pas de leur enseigner le
chemin d'arriver comme eux aux
plus hautes connoissances ; Mais
qu'il estoit encore necessaire d'ap-
puyer les raisonnemens que la
Philosophie m'a fournis, d'un
exemple assez éclattant pour a-
chever d'établir la verité que j'ay
deffenduë, & pour encourager
les Dames à une entreprise aussi
glorieuse que celle que je leur
propose. Cét exemple, MADE-
MOISELLE, se trouve heureuse-
ment dans VOSTRE ALTESSE
ROYALE, qui ayant sçu reünir
en sa personne ce qu'il y a de plus
noble & de plus parfait dans les
deux sexes, n'est pas moins élevée
audessus de l'un & de l'autre par
l'excellence de son esprit & de ses
lumieres que par la grandeur de

sa naissance & de son courage.
C'est pourquoy tout le monde reconnoist que ce sont les qualitez
heroiques de V. A. R. autant
que le rang & la Dignité qu'elle
possede, qui luy attirent les yeux
& l'estime de toute l'Europe, &
obligent les hommes de la regarder avec admiration comme l'ornement du Royaume, pendant
que les femmes la reverent comme la gloire de leur sexe. Mais
en mesme temps, il faut qu'elles
considerent VOSTRE ALTESSE
ROYALE comme un excellent
modelle, & que pour l'imiter
d'une maniere qui réponde à cette
haute reputation que sa vertu
luy a acquise, elles travaillent
genereusement à surmonter la
mollesse où la coûtume les reduit,
& qu'elles employent une partie

du repos & du loisir dont elles
joüissent, à une étude serieuse
qui leur apprenne solidement ce
qui est necessaire pour le bon-heur
& pour le reglement de la vie.
Je souhaitterois, MADEMOI-
SELLE, qu'elles fissent encore reflexion que si V. A. R. sçait
juger de tout avec tant de soli-
dité, & en parler avec tant de
justesse & de grace ; si elle a tant
d'intelligence pour les affaires,
tant de prudence dans sa conduite, & si elle sçait faire un usage
si legitime des biens & des hon-
neurs qui l'environnent, ce n'est
pas moins l'effet de l'application
qu'elle a toûjours euë pour les
belles choses que de cette grandeur d'ame qui luy est si particuliere. C'est, MADEMOISELLE,
dans cette vuë principalement,

EPISTRE.

que j'ay pris la liberté de mettre
le nom celebre de *V . A . R .* à la
teste de cét ouvrage, afin que les
Dames qui le liront pour s'instruire, y rencontrant dés l'entrée
le nom d'une Princesse pour qui
elles ont tant de veneration, le
souvenir de l'Exemple qu'elle
leur donne les convainque absolument qu'elles peuvent entreprendre avec succez ce qu'il y a
de plus élevé, & que quand on
a le cœur & l'esprit droit, il est
aisé comme le montrent ces entretiens, de trouver en soy-mesme
le precieux Thresor de la science
& de la vertu. Il est vray, MA-
DEMOISELLE, que mon interest
particulier aussi bien que le leur
me fait agir en cette occasion.
Comme il n'y a personne qui ne
sçache que *V . A . R .* a un dis-

cernement tres-delicat pour toutes les productions d'esprit , je me promets que l'approbation dont j'espere qu'elle honnorera celle-cy , préviendra le public en fa-veur de celuy qui la luy presente, pour s'acquitter à son égard de la reconnoissance qui luy est duë comme à la premiere des DAMES ILLUSTRES , dont le merite est la preuve la plus constante de l'égalité des sexes , & pour luy témoigner le profond respect avec lequel il est ,

MADEMOISELLE,

DE VOSTRE ALTESSE ROYALE,

Le tres-humble & tres-obeïssant Serviteur, POULAIN.

AVERTISSEMENT.

CE s entretiens se font
passez en effet, com-
me on les rapporte, à
l'occasion d'une jeune Demoiselle fort spirituelle qui
avoit dessein de s'appliquer à
l'étude, & ont esté rendus
publics en consideration de
toutes les Dames qui se trouveroient dans une pareille disposition. C'est ce qui a obligé de leur donner pour titre,
DE L'EDUCATION DES DA-
MES, encore qu'ils ne soient
pas moins utiles pour les hommes, par la mesme raison que
les ouvrages qui se font pour
les hommes servent égale-
ment aux femmes, n'y ayant

qu'une methode pour inftruire les uns & les autres, comme eftans de mefme efpece.

Pour n'eftre pas furpris de
voir que l'on ne parle icy que
des femmes qui font en eftat
de difcernement, quoy que
par le mot d'Education l'on
entende communément l'Art
d'élever & d'inftruire les en-
fàns, il faut confiderer que
l'on peut donner à ce mot une
fignification un peu plus étenduë que l'ordinaire, & qu'en
marquant ce que nous de-
vons apprendre dans un âge
avancé, on marque en mef-
me temps ce que l'on peut
nous enfeigner dés l'enfance.
Et comme l'Education dé-
pend principalement de ceux
qui en ont le foin, & qu'il y

en a peu qui ſçachent ce qu'il
faut ſçavoir pour s'en bien
acquitter, ou qui le ſçachent
de la maniere qu'il le faut,
l'on a jugé à propos de commencer par ce qui peut ſervir à former des Maiſtreſſes,
avant que de dire ce que l'on
penſe ſur la methode de former l'eſprit des diſciples ſuivant les maximes que nous
propoſons,

Or la principale & la plus
importante de toutes eſt qu'il
faut établir dans les hommes,
autant qu'on le peut, une raiſon ſouveraine qui les rende
capables de juger de toutes
choſes ſainement & ſans prévention. Car encore que l'on
ne puiſſe ſe diſpenſer de les
accoûtumer de bonne heure

à suivre les pratiques essen-
tielles de la societé où ils se
trouvent, neanmoins il n'y a
rien de plus pernicieux pour
la perfection & pour le bon-
heur de l'esprit, que de les y
assujettir aveuglément, comme l'on fait d'ordinaire ; cét
assujettissement estant cause
qu'ils deviennent esclaves de
l'opinion & de la coûtume,
& que prenant l'une & l'autre pour regle infaillible dans
les sciences & dans les mœurs,
ils n'approuvent que ce qu'ils
croyent y estre conforme, &
condamnent absolument ce
qu'ils se figurent y estre contraire ; ce qui est la source la
plus commune des mauvais
raisonnemens & des desor-
dres publics & particuliers du

monde, & la cauſe pourquoy
la pluſpart ne ſe conduiſent
que par fantaiſie & par caprice.

Ainſi on peut regarder ces
entretiens comme une pre-
miere partie, ſur laquelle on
eſt bien aiſe de voir le gouſt
de pluſieurs perſonnes, avant
que de ſe mettre à la ſeconde,
où l'on deſcendra dans le détail de l'éducation des enfans.

Pour ne point prendre le
change, l'on avertit que par
ces mots *préjugé*, *préoccupa-
tion*, &c. l'on entend des jugemens portez temerairement
& ſans examen, ou bien des
ſentimens, des opinions, des
maximes embraſſées ſans diſcernement.

Dans toutes les rencontres

où l'on parle contre *l'opinion*, & où on luy attribuë quelque mauvais effet, & lorſque l'on dit qu'il s'en faut deffaire, ce mot ſignifie un ſentiment où l'on eſt entré ſur le ſimple rapport & ſur l'authorité d'une perſonne ou de pluſieurs, ſans pouvoir rendre raiſon pourquoy il eſt bon ou mauvais, vray ou faux, ſinon qu'on l'a oüy dire ainſi. Et ce ſont ceux qui ne jugent des choſes que par opinion & par préjugé que l'on comprend dans ces mots, *le peuple*, *le vulgaire*, *la multitude* : Et les ſçavans dont la ſcience eſt fondée ſur l'opinion, ſont ceux que l'on déſigne par le mot de *Sçavant*, dans les endroits où il emporte quelque choſe de bas & de mépriſable dans ſon idée.

On eſpere que les gens d'eſ-prit , dont cét ouvrage eſt comme l'Apologie , c'eſt à dire les gens qui jugent par raiſon , & non pas par opi-nion , & qui ſont les ſeuls aux jugemens deſquels on doit avoir égard , prendront en bonne part & comme une ſui-te des entretiens que l'on peut avoir avec les Dames, ce que les autres pourroient attri-buer à ce qu'ils appellent va-nité & amour propre.

Pour ſatisfaire la curioſité des Dames qui ſont quelque-fois bien aiſes de ſçavoir ce que ſignifient les noms des perſonnes que l'on fait parler dans les entretiens, parce que ces noms font ordinairement tirez du grec, on les avertit que *Sophie* fignifie, une Dame fi accomplie & fi fage qu'on la peut nommer la fageffe mefme.

Eulalie, une Dame qui parle bien, avec facilité & avec grace.

Timandre, un honnefte homme, qui fe rend à la raifon & au bon fens.

Stafimaque, le pacifique, ou bien l'ennemy des divifions de la chicane, de la pedanterie, ce dernier mot eftant pris pour un vice d'efprit plûtoft que de profeffion.

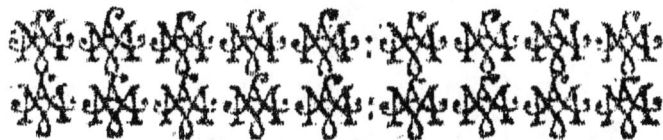

DE
L'EDUCATION
DES DAMES
POUR LA CONDUITE
DE L'ESPRIT
DANS LES SCIENCES,
Et dans les mœurs.

PREMIER ENTRETIEN.

STASIMAQUE eſtant allé chez Sophie qui eſt une Dame d'Eſprit & de qualité, la trouva qui s'entretenoit avec un Gentilhomme de ſes parens, nommé Timandre, & une jeune Damoiſelle que l'on appelle Eulalie.

Il ne fut pas ſi-toſt entré, que Sophie ſans luy donner le loiſir de faire

A

son compliment, vous venez à propos luy-dit-elle, nous en sommes
sur le bon chapitre. Et luy montrant
le livre de l'Egalité des Sexes qu'elle tenoit, il y a long-temps, ajoûta-
t-elle, que je dispute contre Timandre, les preuves en main, sans qu'il
ait encore donné la moindre marque
de conversion.

Il faut, repartit Stasimaque, qui
jugea bien par ce commencement
qu'il pouvoit parler en liberté, que
Timandre soit fort endurcy, de ne
se pas rendre, au moins en consideration de vostre merite, qui vaut
mieux que toutes les preuves du livre que vous me montrez.

Je ne le prends pas ainsi, repliqua
Timandre, je suis tres-persuadé du
merite de Sophie. Quand je parle
des femmes, & que je soutiens que
nostre sexe est plus excellent que le
leur, je les considere en general : Car
je sçay bien qu'à les regarder en particulier, il s'en trouvera plusieurs
comme ma cousine, qui ont autant

d'efprit & de folidité que les hommes.

Puifque vous reconnoiffez, reprit Statimaque, qu'il y a de l'exception à voftre fentiment, ne l'étendez donc pas tant que l'on a coûtume de faire. Pour moy qui ay le bien de connoiftre plufieurs Dames qui ne nous en cederoient pas, je tiens pour l'Egalité des fexes.

Vous avez lû fans doute, dit Eulalie à Stafimaque, le livre qui a efté fait depuis peu fur ce fujet, puifque vous vous declarez fi formellement pour nous.

Je l'ay lû & relû, répondit Stafimaque, mais j'eftois déja perfuadé de ce qu'il pretend, long-temps avant qu'il parut.

Si vous n'en euffiez pas efté perfuadé, dit obligeamment Sophie, les Dames ne vous auroient pas l'obligation de les avoir fi bien deffenduës.

Comment, reprit Eulalie, Stafimaque eft-il l'Autheur de noftre livre?

C'est luy-mesme, répondit Sophie.

Tout noftre fexe, dit Eulalie à Stafimaque, vous eft redevable antant qu'à aucun homme du monde.

Certainement, luy dit auffi Timandre, fi les femmes avoient de la reconnoiffance, elles vous erigeroient une ftatuë.

Cela ne feroit pas long-temps à faire, répondit Sophie, s'il dépendoit de moy.

J'y contribuërois avec ardeur, ajoûta Eulalie.

Je n'en ferois pas plus heureux, dit Stafimaque. J'aime mille fois mieux avoir l'eftime des perfonnes qui vous reffemblent, que de voir au milieu d'une ville, une piece de marbre ou de pierre qui euft ma figure & mon nom. Je ne laiffe pas neanmoins de vous eftre obligé de voftre bonne volonté, & afin de la payer en vous témoignant la mienne, Je vous declare avec fincerité que je voudrois pouvoir nor seulement vous eriger des statuës, mais aussi mettre toutes les Dames d'esprit comme vous, en estat d'en eriger à ceux qu'elles en jugeroient dignes.

Vous en auriez des premiers, dit Eulalie.

A ce que je voy, dit Timandre à Stasimaque, je me suis trompé, lorsque j'ay cru que vous aviez seulement voulu montrer vostre esprit, en faisant l'éloge du beau sexe, puisque vous luy souhaittez tant de bien.

Je vous avoüe, repartit Stasimaque, que je suis en cela d'une humeur fort opposée à la pluspart des hommes, & que s'il ne tenoit qu'à moy, je rendrois les femmes, sur tout, celles qui ont du merite, aussi heureuses qu'elles le pourroient desirer.

Il me semble voir à la mine d'Eulalie, dit Timandre, qu'elle ne seroit pas fâchée de sçavoir ce que vous feriez pour cela.

Tout ce que mon inclination &

A iij

la prudence me pourroient suggerer,
répondit Stasimaque. Outre plusieurs reglemens qui seroient avantageux aux femmes, j'empescherois
absolument que l'on ne mist les filles
en Religion, malgré elles. Je limi-
terois si bien l'authorité maritale
que pas un homme n'en abuseroit.
Car rien ne m'est plus sensible que
de voir une femme obligée de vivre
avec un brutal ou un jaloux qui la
rende miserable. J'établirois un con-
seil souverain my-party d'hommes
& de femmes qui connoistroit uniquement de ce qui pourroit concer-
ner les interests du beau sexe. Et
comme j'estime infiniment d'estre
sçavant d'une certaine façon que je
conçois, je reglerois les choses de
telle maniere que les femmes y
pourroient parvenir aussi-bien que
les hommes.

Cela estant, dit Timandre, vous
auriez un bon moyen de les rendre sçavantes & en peu de temps.
Ce seroit de les obliger à subir un

examen pour eftre mariées , & de
faire en forte que l'on donnaft les
plus habiles , aux plus riches & aux
mieux faits , comme on leur donne
dans la Chine , celles qui font les
plus belles. Mais j'apprehenderois
fort , ajoûta-t-il , que ce reglement
ne trouvaft une grande oppofition.
Car les fçavantes font en fi mauvaife odeur, que ce feroit un fupplice ,
pour un honnefte homme que de luy
en donner une pour femme.

Vous confondez les veritables
fçavantes , dit Sophie, avec les Pru-
des & les Precieufes, que je hais tellement moy-mefme , quoyque je
fois de leur fexe, que je ne m'étonne pas qu'elles foient infupporta-
bles aux hommes.

Il y a fi peu à dire , repliqua Timandre , du caractere de fçavante à
celuy de Precieufe, que l'on paffe
infenfiblement de l'un à l'autre. Je
connois plufieurs Dames lefquelles
ont le premier, mais je n'en fçay pas
une qui n'ait auffi le fecond. Il eft

vray qu'elles ont toutes de l'esprit, & mesme du goust pour les belles choses : mais cét esprit est tourné si precieusement, pour ainsi dire, ce goust si incommode par leurs façons, que vous en seriez rebutée: Elles sont aussi fieres que si elles estoient des Deesses, & d'une autre espece que leurs semblables. Quand elles sont dans un cercle, elles pretendent avoir droit d'y dominer comme des Reynes ; elles ne daignent pas regarder ceux qui les approchent , & croyent faire beaucoup d'honneur à un homme que de tourner quelquefois les yeux de son costé. Celles qui ont un mary, ou ne le comptent pour rien, ou ne le considerent que comme leur premier domestique ; & celles qui n'en ont point , parlent des hommes , comme s'il n'y en avoit pas un qui meritast de demeurer avec elles. On n'a point d'esprit , selon elles, lorsqu'on ne reçoit pas avec des marques d'adoration , leurs maximes ,

idée d'une precieuse.

qu'elles proposent d'un ton d'Oracle. Leurs gestes sont affectez, leurs termes recherchez. Elles s'écoutent parler avec admiration, & elles écoutent les autres avec indifference. Comme si l'on devoit un tribut de respect à chaque mot qu'elles prononcent, elles regardent si on ne les admire pas ; & l'on voit quand elles ont cessé de parler, que leur amour propre leur fait faire sur elles-mesmes un certain retour de vanité accompagné d'un air precieux qu'il est plus facile de concevoir que d'exprimer.

Vous avez bien étudié ces poupées-là, dit Sophie.

Timandre connoist des sçavantes de cette sorte, reprit Stasimaque, & moy j'en connois d'une autre façon qui me plaist fort. Car je les trouve naturelles, civiles & cõmodes. Mais, poursuivit-il, quand elles seroient toutes aussi precieuses que celles que vous croyez l'estre davantage, on en doit avoir moins d'éloignement

Idée des faux sça-vants.

que de nos sçavants ordinaires & de profession : Des gens à qui l'étude n'a servi qu'à faire de leur teste une forteresse contre le sens commun, où la raison ne peut plus entrer sans breche ; qui croyent estre aussi habiles que tous les Grecs & tous les Latins, lorsqu'ils en ont étudié la langue ; qui ne prononcent pas seulement d'un ton d'Oracle, mais qui s'en attribuent l'infaillibilité ; qui veulent que tout le monde se soumette à leurs decisions, qu'on les écoute & les respecte comme des Dieux sur terre ; qui bien loin de se trouver avec les femmes, de les regarder, & d'en aimer au moins quelques-unes, comme vos Precieuses si difficiles qu'elles soient, aiment quelques hommes, font consister la vertu à médire de tout le beau sexe, & à éviter sa rencontre, comme des hipocondres & des hibous. Enfin des sçavants à la pluspart desquels on peut appliquer ce qu'à dit un excellent Poëte.

Vn Pedant enyuré de sa vaine
  science,
Tout herißé de Grec, tout bouffi d'ar-
  rogance,
Et qui de mille Autheurs retenus
  mot pour mot
Dans sa teste entaßez, n'a souvent
  fait qu'un sot,
Croit qu'un livre fait tout, & que
  sans Aristote,
La raison ne voit goute, & le bon
  sens radote.

Nos sçavantes, dit Eulalie, va-
lent bien ces sçavants là.

Assurément, repartit Stasimaque,
& si l'on me donnoit à choisir, j'ai-
merois mieux une belle Precieuse,
qu'une douzaine de Pedans.

Je n'en doute nullement, repliqua
Timandre. Quoy qu'il en soit, ajoûta-t-il, ce ne seroit pas un fort grand
bien pour les femmes de devenir
habiles comme les hommes. Au
contraire selon vostre livre mesme,

on leur nuiroit beaucoup , de leur en
donner le moyen ; puiſqu'elles per-
droient toutes ces excellentes qualitez que la premiere Partie leur attribuë , pour prendre cét eſprit &
cét air de ſçavant dont vous faites la
peinture au meſme endroit.

Vous ſçavez mieux que moy ,
pourſuivit-il , quelles alterations la
meditation & l'Etude produiſent
dans ceux qui s'y appliquent. Le
cœur ſe reſſerre ; l'imagination ſe fa-
tigue , les yeux s'enfoncent & ſe ter-
niſſent ; le viſage devient paſle &
morne , la mine ſombre , mélancholique , & chagrine ; la parole rude , les
manieres groſſieres & mal polies.
On s'enteſte , on ſe preoccupe , &
l'on prend un eſprit de contradiction , de myſtere & de chicane. Or
les femmes eſtant d'un temperamment plus delicat que les hommes ,
elles ſeroient auſſi bien plus ſuſce-
ptibles de ces mauvaiſes impreſ-
ſions. Et il ne leur faudroit plus que
cela pour les achever dans l'eſprit de

ceux qui ne les eftiment déja pas
trop. Et comme elles n'auroient
plus cét éclat, ce brillant, ny ces
charmes qui les font tant rechercher, & qu'elles auroient au contraire des defauts tout oppofez,
elles feroient en danger de paffer
fort mal leur temps.

Je ne croy pas, luy dit Sophie,
que l'étude ait ainfi gafté les fçavantes que vous connoiffez. Et bien
loin que cela foit vray des fçavans
mefme, j'en connois plufieurs qui
font au contraire polis, honneftes
& galants, & vous eftes de ce nom-
bre-là.

Je ne répond point à ce que vôtre
civilité vous fait dire, repliqua Timandre. Mais fi nous avons de la
politeffe, felon Stafimaque, nous
vous en fommes redevables, puifque nous l'avons apprife à l'Ecole
des Dames. Au lieu que fi vous
veniez aux noftres, je ne fçay pas
où nous irions aprés cela; & j'apprehenderois fort que le monde ne

devinst un païs de barbares & de sauvages.

Cela seroit à craindre, repartit Stasimaque, si on mettoit les Dames à l'étude des sciences, de la maniere qu'on les enseigne dans nos Ecoles; mais si elles s'y appliquoient suivant la methode dont on parle dans la seconde partie du Livre que vous avez nommé, elles y trouveroient leur compte. Les sciences feroient pour elles un exercice doux & facile, lequel cultivant leur esprit, sans alterer le corps, les mettroit en état de faire valoir hautement leur merite.

Elles le font déja si bien valoir, repliqua Timandre, & selon vous, celles qui n'ont aucune teinture des sciences, ne laissent pas de bien parler, de sçavoir persuader & de bien vivre.

Elles feroient encore mieux qu'elles ne font, dit Sophie.

Oüi, sans doute, reprit Stasimaque. Et si les Dames qui ont le loi-

fir & le moyen fçavoient quels
avantages elles pourroient tirer d'u-
ne étude bien reglée, je fuis affuré
qu'elles déroberoient quelque temps
à leurs divertiffemens ordinaires,
pour l'employer à acquerir de folides connoiffances, fans lefquelles
je ne croy pas que l'on puiffe eftre
veritablement heureux. Car pour
travailler avec plaifir & avec une
entiere certitude au bon-heur de
l'autre vie, par une conduite raifonnable, il faut connoiftre parfaitement la vertu dont il eft la recom-
penfe. Pour ce qui eft du bon-heur
de cette vie, foit qu'on le mette dans
une parfaite liberté d'efprit, ou dans
la poffeffion des plaifirs, des hon-
neurs, & des richeffes, il me femble
qu'on ne le peut obtenir fans les lumieres que la verité nous donne. Ces
lumieres fervent à nous confoler
dans nos malheurs, à ne nous point
trop élever dans la profperité; elles
nous mettent au deffus de la fortune, qui domine tyranniquement fur

les perfonnes qui demeurent aveuglément fous fon empire. En nous
faifant connoiftre nos paffions &
nos befoins, elles nous apprennent
à moderer les unes & à fupporter
plus patiemment les autres. Enfin
nous enfeignant à nous mefmes ce
que nous fommes, & ce que font les
objets qui nous environnent, elles
nous enfeignent à faire de toutes
chofes un ufage legitime & naturel.

Qu'entendez - vous par cette liberté d'efprit dont vous venez de
parler, demanda Eulalie.

Je n'entends pas, répondit Stafimaque, une liberté aveugle & temeraire qui eft propre à ceux que
l'on appelle libertins ; mais une liberté judicieufe & éclairée, fondée
fur l'amour de la verité, fans eftre
refferré ny contraint par la prevention, par l'erreur, par l'ignorance
& par le fcrupule.

A ce compte là, dit Eulalie, la
Philofophie eft plus neceffaire que
l'on ne penfe.

Cela

Cela eſt vray, reprit Staſimaque, & la neceſſité que nous en avons eſt trop grande pour la pouvoir icy repreſenter, comme il faudroit. Mais quand elle le ſeroit moins, le plaiſir que donne cette étude devroit y attirer plus de monde ſi on le connoiſſoit mieux; Eſtant certain qu'aprés avoir ſatisfait ſelon la raiſon, les beſoins de la vie, il n'y a rien de plus agreable que de rechercher la verité, & de s'en entretenir ou ſeul, ou en compagnie.

Le plaiſir de l'eſprit eſt preferable à celuy des ſens.

Pour moy, reprit Sophie, je ne trouve point de plus grande ſatisfaction que de bien ſçavoir les choſes, & de ſçavoir en faire part aux autres. Et lorſque je compare cette ſatisfaction avec celle qui nous vient des ſens, il me ſemble que celle-cy ne merite pas le beau nom de *volupté* qu'on luy donne. Car outre que nous ne nous portons pas de nous meſmes à la volupté ſenſuelle, & que nous y ſommes pouſſez malgré nous par la douleur qui

B.

nous incommode ; Cette volupté
n'eſt au fond qu'une diminution de
douleur, ſoit qu'on la gouſte quand
on donne au corps ce qu'il deſire
pour ſa conſervation, ou bien lorſqu'on le délivre de ce qui le peine.
Mais encore, quels ſoins & quelles
inquietudes pour obtenir ce plaiſir,
& combien la poſſeſſion en eſt-elle
courte, incertaine & impure ? A
peine commence-t-on de le prendre
qu'il échappe. Les maux auſquels il
ſert de remede ne ſont pas plûtoſt
paſſez, qu'il devient fade & inſi-
pide ; & ſi on veut le continuër plus
long-temps que ne dure la douleur
qu'il guerit, il en laiſſe une autre
plus cuiſante & plus fâcheuſe. Enfin, les plus grands plaiſirs ſont de
ſi peu de durée qu'on les a nommez
des moments heureux : & comme ſi
c'eſtoit des biens qui ne nous appar-
tinſſent pas, nous nous cachons
pour en joüir : Et l'on dit d'ordinaire
qu'il n'y a que ceux qui ſont dérо-
bez que l'on trouve les plus doux,

Il en eſt tout autrement des plaiſirs ſçavants & ſpirituels, ſi l'on peut parler ainſi, dit Staſimaque. Dés qu'un homme ſe met à rechercher la verité, il en reçoit une joye qui l'y engage de plus en plus ; mais une joye pure & entiere, à laquelle le corps n'a preſque point de part ; une joye qui n'eſt point ſujette au trouble ny à l'envie ; qui dure autant que nous meſmes ; qui ne ſe poſſede au dépend de perſonne ; qui s'augmente en ſe communiquant à pluſieurs ; une joye qui bien loin de produire des douleurs ameres & cuiſantes, ny d'eſtre dangereuſe dans ſes excez, ſert au contraire à adoucir tous les maux de la vie, & à moderer les excez qui en ſont la cauſe ordinaire.

Comme les Dames aiment fort les plaiſirs, reprit Timandre, & que la connoiſſance de la verité en donne de ſi grans, je leur conſeillerois avec vous de la rechercher. Et elles devroient s'y porter avec d'au

B ij

tant plus d'ardeur, qu'elles en font aussi selon vous, autant capables que les hommes, & que l'on representé la verité comme si elle estoit de leur sexe.

Je ne sçay pas sous quelle idée les autres se la representent, repartit Stasimaque ; pour moy, je la regarde comme une Dame accomplie qui est digne des services & des soins de tout le monde : Et je suis dans la pensée d'un ancien qui fit ces vers en l'honneur de cette aimable maistresse.

Idée Allegorique de la verité.

> *Charmante verité, si les plus*
> *beaux esprits,*
> *Qui ne te font l'amour qu'à travers*
> *d'une nuë,*
> *Estoient assez heureux pour te voir*
> *toute nuë,*
> *Combien de ta beauté seroient-ils*
> *plus épris.*

Cela me fait ressouvenir, dit Timandre, d'une peinture que fit der-

nierement un galant homme, qui
vint dans une compagnie où j'étois.
En parlant de la verité, ou de la
science, il me semble, dit-il, qu'elle
est la fille aisnée de la nature, qui
luy a donné en appannage des beau-
tez & des graces qui la devroient
rendre adorable à tous les hommes.
Son éclat est si vif qu'il ne peut
estre comparé qu'à celuy du soleil.
Elle est brillante & lumineuse comme luy. Elle éclaire nos ames, Elle
les fortifie & les réjoüit. Mais
ajoûta ce Cavalier, je la trouve
bien differente de nos Dames en
qui nous ne pouvons souffrir de
partage ny de rival. Elle se commu-
nique également à tous ceux qui
la recherchent, sans causer parmy
eux de jalousie ny de dispute que
lorsqu'ils la recherchent par des
routes differentes. Elle n'est pas
comme ces belles, fieres & difficiles qui ne sont point contentes si
l'on ne soûpire & ne pleure ; & qui
croyent bien recompenser tous les

foins d'un pauvre amant , par un regard favorable. Elle ne veut rien de bas ny de rampant dans ſes amis. On n'entend point parler de chaiſnes ny d'eſclaves dans ſon empire ; Elle eſt douce & commode ; Elle fait les premieres démarches : Et les premieres offres ſinceres qu'un homme luy fait de ſon cœur , ſont auſſi-toſt récompenſées de ſes plus grandes faveurs. Enfin elle preſente la main à tous ceux qui veulent approcher d'elle ; & lorſqu'ils ſont aſſez heureux pour la recevoir , elle les tire hors du commun , & les place dans un degré d'élevation & de bon-heur que le vulgaire ne connoiſt point.

Si j'eſtois homme , reprit Eulalie , je voudrois que cette Dame fut la premiere & le modele de mes maiſtreſſes.

Quoy que vous ne ſoyez pas homme , luy dit Staſimaque , cela n'empeſche pas que vous ne puiſſiez auſſi en faire la recherche. Elle eſt homme pour les femmes, & elle eſt femme pour les hommes, ſans a-voir aucune des incommoditez que les deux ſexes ont l'un pour l'autre. Et je ſerois ravi de vous avoir en cela pour compagne ou pour rivale. Pour vous y engager davantage, continua-t-il, ſongez que les inte-reſts de la verité ſont inſeparables des voſtres, & qu'en meſme temps que ſes armes vous ſont neceſſaires pour étendre voſtre empire, elle a beſoin de vos charmes pour pou-voir rétablir le ſien. Vous n'igno-rez pas quel eſt l'effet d'une belle penſée, lorſqu'elle ſort d'une belle bouche comme la voſtre; jugez quel ſeroit celuy de la verité, ſi vous la faiſiez paroiſtre revetuë des ornemens & des graces qui ſont na-turelles à voſtre ſexe.

Que ſi l'intereſt de la verité ne vous touche point, ſoyez au moins ſenſible au noſtre. Et ne nous aban-donnez pas dans une occaſion, où voſtre ſecours nous eſt ſi neceſſaire.

Vous pouvez faire naître, par vôtre exemple, une noble emulation dans le cœur de tous les hommes ; & par la crainte que les femmes ne les surpassent en un exercice où ils ont eu la vanité de croire que la nature leur a donné l'avantage, faire qu'ils s'appliquent avec plus d'ardeur & de desinteressement à la perfection des sciences qu'ils cultivent si foi-ment.

Ha ! que vous & vos semblables rendriez à nos sçavans un office signalé. Leur donnant entrée dans vos cercles, vous leur donneriez un beau moyen de civiliser ce qu'ils sçavent ; & leur faisant part de vos entretiens, vous leur communiqueriez cette douceur qui leur manque & qui vous est si particuliere. Vous leur inspireriez insensiblement, cét air galant & honneste qui vous rend si aimables ; & leur ostant ainsi ce qu'ils ont de dur & de grossier, vous les mettriez en estat d'estre bien reçus dans le monde.

Il vous en reviendroit un avantage que vous ne sçauriez assez estimer : puisqu'en ramenant au bon sens ces esprits farouches & barbares qui vous évitent & vous fuyent, vous les obligeriez à changer de senti- ment, & d'avoir de l'admiration pour un sexe qu'ils ont méprisé si long-temps. Courage donc, mon- trez que vous avez un esprit d'hom- me dans le corps d'une femme.

Doucement, reprit Sophie en sou- riant, vous nous faites injure, aprés nous avoir fait justice. Souvenez- vous que nous avons autant d'es- prit que les hommes.

Je vous demande pardon, repar- tit Stasimaque, le préjugé est si fort, que je m'y suis laissé empor- ter, sans y penser. Répondez donc à cette juste égalité, ajoûta-t-il, & faites voir que la verité est de vostre partage aussi bien que la vertu & la beauté. Confondez l'injustice & l'aveuglement des hommes ; Et fai- tes que par un agreable retour ce

C

terme d'effeminé, qui a esté un terme d'injure, devienne un terme d'honneur; & qu'au lieu que jusques icy on a crû faire grace & un éloge aux femmes de leur dire qu'elles ont un esprit mâle, on loüe les hommes au contraire, en disant qu'ils ont l'esprit d'une femme.

N'est-ce pas assez que la coutume vous ait assujetties aux hommes, en ce qui regarde le corps, sans que vous vous assujettissiez encore à eux, en ce qui concerne l'esprit? N'est-ce pas une honte que cette divine partie soit vaincuë par ceux dont vostre visage est le vainqueur? Venez donc, venez remporter sur nous un double triomphe, & pendant que vos charmes tiendront les cœurs attachez par une douce victoire, faites que la beauté de vos pensées ravisse en admiration les esprits.

L'utilité des sciences pour les femmes.

Il y a beaucoup de choses dans vostre exhortation galante, luy répondit Eulalie, ausquelles je ne

prends point de part. Quoyque je
n'aye pas grande experience, ajoûta-t-elle, estant jeune comme je
suis ; il me semble neanmoins que
j'en ay assez pour pouvoir reconnoistre que les sciences sont d'un
tres - grand secours à ceux qui les
possedent. Car enfin si elles peuvent rendre les hommes capables de
se gouverner eux-mesmes , & de
gouverner les autres , elles ne seroient pas moins utiles pour nous ,
si on nous les faisoit apprendre.
Outre que nous aurions dequoy
supporter ce qu'il y a de fâcheux &
de rude dans la condition de nostre
sexe ; si les femmes estoient bien
instruittes , les mariages en seroient
meilleurs , les familles mieux con-
duites , & les enfans mieux élevez.
Nous ne serions pas obligées d'estre
éternellement aux oreilles d'un Directeur à luy dire des bagatelles.
De mesme que les hommes se consultent les uns les autres ; les femmes consulteroient d'autres fem-

mes ; les Superieures conduiroient leurs Religieuses ; les meres instrui- roient leurs filles : Et chaque sexe se reglant soy - mesme, comme se connoissant mieux , les choses n'en iroient peuteftre pas plus mal.

Je suis dans cette pensée , il y a long-temps , reprit Sophie , mais particulierement depuis l'entretien que nous avons eu une fois ensem- ble , Stasimaque & moy sur le sujet dont Eulalie vient de parler. Je n'ay pas oublié que vous me fites alors remarquer qu'il y avoit autre- fois des Diaconesses dans l'Eglise ;

Rom. 16. 1. que S. Paul appelle phœbé , mini- stre de l'Eglise de Cenchris ; qu'il

Tim. 1. 5. ordonne à Timothée de choisir une veuve qui n'ait pas moins de soi- xante ans. Car c'estoit pour les choses qui concernoient nostre sexe: & qu'il est marqué quelque part

Constitu- tions A o- stoliques l. 8. c. 19. que les Diaconesses estoient ordon- nées presque avec les mesmes cere- monies que les Diacres.

Je m'en souviens , repartit Stasimaque , & je vous dis en mesme temps que S. Clement d'Alexandrie témoigne que les Apostres menoient avec eux des femmes pour se servir de leur ministere auprés des autres femmes , & pour faire ainsi entrer la doctrine du Seigneur dans les lieux où les hommes n'entroient point. Puisque l'occasion s'en presente , je vous diray encore qu'il paroist par le témoignage d'un Concile , & par celuy du grand Origene qui tenoit chez luy une Ecole pour les filles & les femmes à qui il enseignoit les plus hautes sciences, il paroît , dis-je , que les femmes avoient quelque part au ministere Ecclesiastique pour l'instruction des autres femmes.

S. rom. l. 3.

Laodicée c. 11. Sur S. Jean.

Pretendez-vous , demanda Timandre , que l'on doive rétablir cette discipline.

Nullement , répondit Stasimaque. Je ne suis point de ces adorateurs importuns de l'Antiquité ; & je croy mesmes que ce qui se faisoit

dans les fiecles paffez , ne doit eftre
la regle du prefent que dans les chofes effentielles. Je vous ay rapporté
ces témoignages , feulement pour
vous montrer que les femmes ont
efté autrefois plus confiderées parmy les Chrétiens , que vous ne vous
feriez imaginé ; que fi l'on venoit à
établir ce que fouhaitte Eulalie, ce
ne feroit pas une nouveauté ; &
pour vous faire voir en mefme
temps , que quand on a l'efprit
droit & judicieux comme elle l'a,
on peut fe rencontrer de fentiment
avec ceux qui ont paffé pour tres-
habiles , fans les avoir étudiez.

Ce que je voudrois , ce feroit feulement, que l'on inftruifift les femmes avec autant de foin que les
hommes ; parce que cela feroit tres-
utile , & ne nuiroit à perfonne. Ce
ne feroit pas non plus une conduite
nouvelle , puifqu'elle a efté prati-
quée, il y a long-temps ; Et que
S. Gregoire de Nyffe rapporte dans
la vie de fainte Macrine fa fœur,

qu'elle fut élevée comme un homme dans les faintes lettres, & qu'elle enfeigna fes propres freres comme Pierre de Sebafte & le grand faint Bafile. Vous fçavez bien que faint Jerôme ne conduifoit gueres de Dames qu'il ne leur fift étudier l'Ecriture, & qu'il fit mefme apprendre la langue hebraïque à plufieurs, afin qu'elle puffent lire l'Ancien Teftament dans l'original Si Prifcilla & Aquila n'euffent fçeu leur Religion que comme les femmes d'aujourd'huy, elles n'euffent pû en inftruire le grand Apollo : Et fi l'Illuftre Marcelle fe fuft contentée des avis d'un Directeur & d'un petit Catechifme, vous jugez bien qu'elle ne fe fuft pas renduë capable de confondre les heretiques, ny d'eftre confultée par le Pape & par le Clergé de Rome fur les plus grandes difficultez de l'Ecriture.

Vous n'eftes pas fâché, dit Timandre, d'avoir S. Jerôme pour vous. Car outre ce que vous venez d'en rapporter, il me femble qu'il a parlé fort avantageufement du fexe, & qu'il l'a mefme quelquefois preferé au noftre.

Quoy que ce que j'ay dit des femmes, repliqua Stafimaque, ne fuft pas moins vray, quand ce Pere auroit un fentiment tout contraire, on ne laiffe pas d'eftre bien aife de fe rencontrer avec un homme de reputation & de poids. Ce qui fait encore que je l'eftime davantage dans cette conformité où nous fommes, c'eft que l'on a trouvé à redire en moy comme en luy, que je me fois declaré trop ouvertement fur le fujet des femmes. Tant on a toûjours efté infatué à cét égard. Et j'ay encore cela de commun avec ce Pere, que je méprife tout ce que l'on peut penfer de moy là deffus.

Je me trompe fort, dit Eulalie à Stafimaque, fi dans les fentimens où je vous voy, vous feriez homme à infpirer aux femmes cét efprit de Devotion, dont elles font fi rem-

plies qu'elles en font toute leur occupation.

Je ne sçay pas, repartit Stasima-
que, ce que vous entendez par De- *Idée de la
vraïe De-
votion.*
votion. Car il y en a de plusieurs
fortes. Si vous entendez un zele
reglé & Chrétien qui nous porte à
faire sans delay & avec joye ce que
Dieu nous ordonne ; & à quitter
mesme l'étude & tous les autres
exercices pour pratiquer avec prudence les œuvres de charité que Jesus-Christ nous a enseignées , je
vous declare que je serois le premier
à conseiller cette Devotion non
feu'ement aux femmes , mais encore
aux hommes , comme la seule chose
necessaire ; parce que toute la science d it tendre principalement à la
vertu.

Ce n'est pas là , repliqua Eulalie ,
ce que j'entends par devotion. J'entends une devotion de la nature de
celle dont une Dame qui me touche
de fort prés est tellement prevenuë
qu'elle croiroit faire un crime de

parler d'autre chofe, hors les affaires de fa maifon, & qu'elle fait
confifter en certaines obfervations
arbitraires & indifferentes, dont je
voy que les Docteurs, les fçavans,
les magiftrats, prefque tous les
hommes & les femmes raifonnables
qui ont quelque meftier ou quelque
autre occupation femblable, font
difpenfez par tout, fans que les
Predicateurs qui s'en difpenfent
auffi, les accufent d'eftre moins
Chrétiens que les autres.

Je n'aurois rien à redire à fa conduite, pourfuivit Elle, à caufe du
refpect que je luy dois, & que chacun eft maiftre de fes actions & de
fes phantaifies, fi elle ne vouloit pas
nous affujettir aux fiennes ma fœur
& moy, & qu'elle ne nous euft pas
dit mille fois, & fait dire par celuy
qui la gouverne, fur ce que nous
aimons fort la lecture, que ce n'eft
pas à des filles à eftre curieufes, &
que les femmes fe doivent contenter
de leurs Heures & de leur aiguille.

Si j'avois feu, ajoûta-t-elle, ce que vous venez de nous dire, & ce qui eſt dans voſtre Livre, je m'en feroisbien fervi pour relever cét homme-là, & luy faire voir qu'il ne fçait pas plus que fon breviaire.

Ces fortes de gens, reprit Stafimaque, me paroiſſent tres-excufables. Ils diſent ce qu'ils fçavent, & ils font ce qu'ils peuvent. Ils croyent que les femmes font fort inferieures aux hommes ; Ils ignorent ce que c'eſt que fcience, & par conſequent fi elle vous eſt neceſſaire, & fi vous en eſtes capables : Et comme ils ont oüy dire que cela n'eſt pas, vous ne devez point vous étonner qu'ils tiennent à voſtre égard une direction qui foit conforme à leurs lumieres & à la perfuafion où ils font. Cependant fi le prejugé ne les empeſchoit pas de voir ce qui fe paſſe à leurs yeux ; s'ils entendoient bien leur breviaire, ou qu'ils fiſſent attention en le recitant, fur la vie de plufieurs grandes faintes, dont ils

font l'Office, ils obferveroient autant d'efprit & de generofité dans
les femmes que dans les hommes ;
& remarquant que fainte Catheri-
ne, par exemple, fainte Therefe,
fainte Macrine ont dû eitre fort habiles pour avoir executé ce qu'elles
ont fait, Ils jugeroient fans doute
que les plus hautes connoiffances ne
font pas plus audeffus de voftre fexe
que du noftre.

Noftre bon homme, reprit Eulalie,
n'a qu'à revenir prefentement. Je le
renvoyray bien à fon breviaire.
Qu'il me dife encore que les femmes
nefont capables que d'une quenoüille, & qu'elles n'ont jamais étudié, je
luy répondray que la quenoüille eft
pour des gens comme luy , que je
doute s'il fçait bien ce qui s'eft fait
autrefois , & qu'il eft facile d'e im-
pofer à des gens fimples & fans lumieres comme nous.

Mais , luy demanda Timandre,
comment n'avez-vous point donné
dans le genie de cette Dame , & de

cet homme dont vous parlez ?

C'est peut-estre en partie, répondit elle, parce que l'on vouloit m'y faire entrer malgré moy. Ce qui m'en a le plus éloigné, c'est qu'une de mes amies qui n'est pas plus heureuse que moy, ayant trouvé le moyen d'avoir des livres à l'insçu de sa mere, me prêta un jour un nouveau Testament François. De sorte que l'ayant lû avec d'autant plus d'application que je n'avois que ce livre là, & que l'on m'avoit deffendu de le lire, les endroits qui concernent la perfection Chrétienne me toucherent plus que les autres ; & n'y ayant point vû que les femmes doivent vivre autrement que les hommes dans la Religion ; que les uns & les autres seront punis ou recompensez de la mesme façon, & pour les mesmes actions ; & que les sciences n'y sont deffenduës à personne, je conclus que ceux qui nous en veulent détourner le font par interest ou par ignorance : &

qu'il vaudroit bien mieux fuivre
l'exemple des Docteurs & des fça-
vants , que l'on ne voit à l'Eglife
que lorfqu'ils y ont affaire , & employer le temps à leur imitation
dans un cabinet ou en compagnie à
apprendre quelque chofe de bon &
de folide , que de le tuer en bagatelles.

Ce feroit dommage , dit Stafimaque , de ne pas cultiver voftre efprit
qui eft capable de fi folides reflexions.

Aprés tout , reprit Timandre, s'a-
dreffant à Sophie & à Eulalie , vous
faites paroiftre toutes deux tant de
folidité & de bon fens, pour des femmes , que peu s'en faut que je ne me
rende à l'égalité , & que je ne croye
que fi au lieu d'amufer voftre fexe à
de petits exercices , on prenoit autant de foin pour l'inftruire que l'on
en prend pour le noftre , tout ce que
Stafimaque pretend , fe trouveroit
veritable. Mais, continua-t il, dans
l'eftat où font les chofes , je ne voy

pas par quelle voye on le pourroit faire. Car non seulement il faut sept ou huit années au moins pour apprendre les langues étrangeres, avec une peine incroyable, que les Dames ne pourroient peutestre pas supporter; mais outre cela, il n'y a pas de lieu où elles pussent les apprendre comme nous.

Ce que vous representez là, dit Eulalie, me fait de la peine depuis long-temps. J'ay toûjours eu une extréme envie de sçavoir les belles choses; mais le travail que je voy qu'il faut pour cela, m'épouvante, & je desespere de pouvoir jamais satisfaire ma curiosité.

La peine qu'il faut prendre pour devenir habile, dit Stasimaque, n'est pas si grande que l'on s'imagine. Et aprés avoir fait reflexion sur les fatigues que j'ay essuyées dans mes études, il me semble que l'on pourroit en abreger le chemin, particulierement pour les femmes, lesquelles estant dispensées d'entrer dans les emplois, pourroient auffi fe difpenfer d'etudier les langues étrangeres, qui ne font prefentement neceffaires que pour cela.

Comment? dit Eulalie, nous pourrions acquerir les plus belles connoiffances, fans apprendre ny Grec ny Latin?

Comment on peut inftruire les femmes.

Vous le pouvez, répondit Stafimaque, par le moyen des livres François; Noftre langue nous fourniffant aujourd'huy en profe & en vers tout ce que l'on peut fouhaiter de plus beau pour la perfection de l'efprit.

En effet, dit Sophie, j'ay icy la plufpart des Autheurs Latins traduits en François.

Et nous avons outre cela, reprit Stafimaque, des Autheurs modernes, auffi excellens que les Anciens pour le langage & pour les chofes qu'ils ont écrittes.

Comment pourroit-on nous inftruire, fans nous faire aller au College? Demanda encore Eulalie.

De

De la mesme façon, repartit Stasimaque, que l'on instruit la pluspart
des hommes, qui n'y vont point.
Quelque chose que vous voulussiez
apprendre, ne pourriez-vous pas
avoir des maistres, comme vous en
avez qui vous vont apprendre à
écrire & à danser.

On pourroit encore faire une chose, dit Timandre, qui seroit beaucoup plus commode, sçavoir qu'il
y eust des maistresses instruites parfaitement dans les sciences, qu'elles
enseigneroient aux jeunes filles, &
chez lesquelles il se formeroit des
gouvernantes, de mesme que nos
maistres se forment dans les Uni-
versitez & ailleurs.

Ce que dit Timandre, reprit Sophie, me fait penser à une chose.
On nous met toutes jeunes dans
des Religions. Qui empescheroit
presentement de faire instruire
des Religieuses qui auroient soin
d'enseigner les Pensionnaires qu'elles prennent, & d'autres Re-

D

ligieuſes qui deviendroient maiſtreſſes à leur tour ?

Cela ne ſeroit pas ſi difficile à établir que je me l'eſtois figuré, reprit
Timandre. Il ne faudroit que deux
choſes, l'une que deux ou trois perſonnes de qualité & de conſidera-
tion fiſſent bien inſtruire leurs filles,
& ce ſeroit aſſez qu'une maiſon no-
table de Religieuſes & quelque
maiſtreſſe particuliere commençaſt,
pour donner exemple aux autres. Et
l'autre choſe ſeroit que quelque homme bien intentionné fiſt deux ouvrages dont le premier ſerviſt à former
des maiſtreſſes, en marquant aux
femmes qui ſont en âge d'étudier
elles-meſmes par le ſecours des livres, quelle route on doit tenir pour
avancer en peu de temps dans les
ſciences, autant que nous en avons
beſoin pour noſtre conduite particuliere : & le ſecond leur appriſt la
methode qu'elle pourroient garder
enſuitte pour enſeigner aux enfans
ce qu'elles auroient apris.

J'entre fort dans ce deſſein, dit Sophie;

Et moy je le trouve tres-plauſible, ajoûta Eulalie.

Mais vous, dit Timandre à Staſimaque, qui eſtes ſi porté pour le beau ſexe , n'auriez vous point ſongé à luy rendre ce ſervice là ? Vous en avez bien la mine, & je me ſouviens que dans voſtre livre vous promettez une nouvelle methode.

Il faut , reprit Sophie , que celuy qui a fait l'Apologie des femmes, en faſſe auſſi l'inſtruction, afin qu'elles lui ayent l'obligation d'avoir fait pour leur avantage & pour leur gloire, ce qu'un homme habile eſt capable de faire. Et elles vous en feront d'autant plus redevables que vous les mettrez par ce moyen là en eſtat de ſe deffendre elles-meſmes & de ſoutenir par leurs propres lumieres des intereſts qui ont eu beſoin d'une plume étrangere.

Et vous ſerez aſſuré, dit Timan-

D ij

dre , d'avoir tout au moins leur estime.

J'avouë , repartit Stasimaque , que j'ay pensé à ce dessein là , & que je ne desespere pas de l'executer quelque jour.

L'occasion est trop belle , dit Eulalie, pour la laisser échapper. Dans le desir où je suis depuis long-temps de me mettre un peu à l'étude , vous m'obligerez infiniment, de me faire part de vos pensées sur la conduite dont j'ay besoin. Et je prie Sophie de joindre ses prieres aux miennes.

Comme Stasimaque est un galant homme & obligeant, répondit Sophie, & qu'il ne fait point mystere de ce qu'il sçait, Je croy qu'il m'accordera cette grace pour moy & pour mes amis.

Il y a tant de plaisir & d'avantage à s'entretenir avec des Dames de vostre merite, repartit Stasimaque , que vous ne devez pas douter que je ne sois prest de faire tout ce que vous voudrez pour le deſſein d'Eulalie , & je m'y porteray d'autant plus volontiers que vous n'eſtes point de ces femmes qui s'imaginent n'avoir pas aſſez d'eſprit pour entendre ce qu'on leur pourroit dire de plus ſolide.

Pour moy , dit Sophie , je croy que nous avons plus de forces que nous ne penſons ; & que les gens faute de connoiſtre dequoy ils ſont capables n'entreprennent pas beaucoup de choſes qu'ils pourroient executer. Et je me perſuade que les plus grands genies , & ceux qui ont le plus écrit ont eſté d'abord comme les femmes , & qu'ils ne croyent pas dans leur enfance , où ils ne s'étoient pas encore eſſayez , pouvoir executer ce qu'ils ont fait dans la ſuitte.

Staſimaque ſe ſçait ſi bien expliquer , dit Timandre , & rendre ce qu'il dit ſi palpable qu'il ſe ſçauroit faire entendre quand il auroit à parler à des Dames moins ſpirituelles que vous.   D iij

Dites des personnes spirituelles ;
ajoûta Sophie. Car je vous prie d'e-
stre de la partie. Stasimaque l'en
ayant aussi prié, la compagnie se se-
para fort satisfaite, apres qu'elle fut
convenuë de se rejoindre dans trois
jours.

DE
L'EDUCATION
DES DAMES

DEUXIE'ME ENTRETIEN.

STASIMAQUE qui se plaist infiniment à s'entretenir avec Sophie,
ravi de pouvoir retourner si-tost
chez-elle, sans craindre de luy estre
incommode, ne manqua pas de s'y
rendre l'apresdinée qu'elle luy avoit
marquée. Timandre & Eulalie ne
se firent pas long-temps attendre.
Comme c'estoit principalement
pour cette jeune personne que la conversation se devoit faire, & que son
visage & son esprit revenoient fort
à Stasimaque, il commença l'entretien en luy disant plusieurs choses
agreables, sur le dessein qu'elle avoit
de se rendre sçavante.

Enfin, luy repliqua-t-elle, apres plusieurs reparties pleines d'esprit, s'il est vray que je doive aussi en devenir plus aimable, obligez-moy donc de me dire ce que vous jugez à propos que je fasse pour cela.

La disposition où il faut estre pour bien enseigner & pour estre bien enseigné.

Je suis prest d'executer la parole que je vous ay donnée, répondit Stasimaque, pourveu que vous me promettiez deux choses; la premiere que vous n'aurez point pour moy cette deference aveugle que les femmes ont d'ordinaire pour ceux qu'elles consultent : car il n'y a rien qui me déplaise davantage. Employez au contraire toute vostre raison pour me contredire ; n'approuvez que ce que vous serez absolument convaincuë estre bon ; Regardez tout ce que j'ay à vous dire, non pas comme des regles ny des preceptes que je vous prescrive, mais comme l'histoire de la conduite que je voudrois suivre, si j'estois à recommencer mes études. En un mot, défiez-vous de moy presentement comme d'un homme

qui

qui auroit deſſein de vous ſurprendre. Et je vous proteſte que je me réjoüiray également de me rencontrer avec vous dans le chemin que vous cherchez ; ou de reconnoiſtre par les avertiſſemens de la compagnie , que je me ſuis égaré.

Je n'oſerois vous répondre tout ce que j'ay dans l'eſprit, repartit adroitement Eulalie , pour éviter les complimens. Je vous promets de faire exactement cette premiere choſe ; dites-moy je vous prie , quelle eſt la ſeconde que vous deſirez.

Que vous ne trouviez pas mauvais , dit Staſimaque, que je vous faſſe trois demandes avant que de vous répondre directement, ſur celle que vous m'avez faite. 1. Si vous ſçavez bien ce que vous eſtes , & quel eſt preſentement l'eſtat de vôtre ame. 2. Si vous ſçavez ce que vous demandez , en demandant le moyen d'acquerir les plus belles connoiſſances. 3. Et ſi vous vous ſentez capable de la plus grande reſolution

E

que les hommes puiſſent former.

Vous changez bien de ton, répondit Eulalie : je croy que vous me voulez embarraſſer, en me demandant des choſes que vous voyez bien ſans doute que je ne ſçay pas, & dont nul autre que vous ne s'eſt encore informé de moy.

Que cela ne vous ſurprenne point, luy dit Sophie ; c'eſt la maniere de Staſimaque , & vous ne vous en trouverez pas mal.

Ne vous imaginez pas , s'il vous plaiſt, reprit Staſimaque, en parlant à Eulalie , que je m'informe du ſecret ny du détail de voſtre conduite , en ce qui regarde le vice ou la vertu. Je ne deſire de vous qu'un aveu ſincere & raiſonnable de certaines foibleſſes , dont vous devez d'autant moins rougir , qu'elles ſont inévitables & communes à tous les hommes , & dont moy-meſme qui vous parle , ne ſuis-je peuteſtre pas encore entierement delivré.

De quelle importance eſt cét

aveu, dont vous parlez, demanda
Eulalie.

Pour vous le faire comprendre,
repartit Stasimaque, observez, je
vous prie, qu'il est impossible à l'à-
ge où vous estes, d'acquerir les sciences que vous recherchez, ny d'en
faire un usage legitime, que nous ne
connoissions auparavant quelle est
la disposition de nostre esprit, quand
nous nous mettons à cette recherche. Il n'est pas que vous n'ayez oüy
dire ou remarqué que ceux qui veulent cultiver une terre à profit, commencent par en découvrir les bonnes ou les mauvaises qualitez, & n'y
sement point qu'ils ne luy ayent
donné auparavant certaines façons
necessaires. Vous n'ignorez pas aussi
que les medecins reüssissent d'autant mieux, que ceux dont ils entreprennent la guerison, sçavent mieux
leur mal eux-mesmes.

Or vous pouvez considerer les
sciences, continua-t-il, ou bien
comme des semences fecondes qui

rendent l'efprit fertile , ou comme des remedes falutaires qui luy redonnent la fanté. Ce qui doit vous faire juger de quelle importance il eft que vous connoifsiez vous mefme l'indifpofition où vous pouvez eftre , afin que nous puiffions examiner enfemble les remedes qui vous feront les plus propres , & que ceux que nous aurons trouvez , puiffent operer plus promptement Vous ne fçauriez croire combien il nous fera avantageux d'agir ainfi de concert : eftant certain que le manquement d'intelligence entre ceux que l'on inftruit , & ceux qui en prennent le foin , produit ordinairement des difficultez & des refiftances qui rendent tout leur travail inutile.

Je feray , dit Eulalie , ce que vous jugerez à propos , pour éviter cét inconvenient.

Revenons donc à noftre examen, pourfuivit Stafimaque. Et pour commencer par le premier point ; n'eft-il pas vray , que vous croyez connoi-

ftre avec certitude une infinité de
chofes ? Vous tenez pour conftant
que le Monde eft un grand globe ,
dont la furface à des limites , au de
là defquels vous imaginez un vafte
efpace qui n'eft occupé de rien , &
que vous appellez un vuide ; que le
Ciel eft comme une voute qui enfer-
me tout ; & que par un mouvement
continuel autour de la Terre que
vous croyez eftre le centre du Monde , le Ciel emporte avec foy les
Aftres que vous vous figurez y eftre
attachez comme de beaux clouds
dorez : que le Soleil eft le plus grand
de ces Aftres ; & que par une voye
fecrette qui vous eft inconnuë , ces
clouds imaginaires nous envoyent
des influences qui caufent la plufpart des revolutions generales &
particulieres qui arrivent icy-bas.
N'en faites point la fine. N'eft-il pas
vray que vous vous moqueriez , au
moins dans voftre ame , du difcours
d'un homme qui viendroit vous dire
que la Lune eft peuteftre une terre

femblable à la noftre , & habitée par
des animaux ?

J'en tombe d'accord , répondit
Eulalie : & à propos d'animaux ,
quoyque je n'aye jamais parlé aux
beftes , ny vû perfonne qui fe foit
entretenu avec elles , leur voyant
faire ce que je voy tous les jours dans
les chiens , peu s'en faut que je ne les
croye auffi raifonnables que nous.

Vous pourriez ajoûter à ces connoiffances , reprit Stafimaque , ce
que vous penfez fçavoir du flux &
du reflux de la mer , des qualitez de
l'Aiman , & de ce que l'on appelle
antipathie & fympathie. Mais pour
paffer à quelque chofe qui vous regarde davantge ; vous tenez pour
certain que nous apportons au monde l'inclination que nous reffentons
pour ceux qui nous y ont mis ; que
noftre Ame eft toute autre chofe
que le corps ; qu'elle eft la caufe de
toutes les fonctions de la vie ; &
quoy que vous conceviez cette
ame , comme quelque chofe qui

n'eſt point corps , vous ne laiſſez
pas de la diviſer en deux parties,
l'une ſuperieure & l'autre inferieure,
en ſorte que vous donnez le dernier
rang à celle qui s'oppoſe en vous,
aux regles & aux loix que l'on vous a
enſeignées. Vous aimez la verité &
la vertu; vous taſchez d'éviter le vice
& l'erreur, & vous croyez bien ſçavoir ce que c'eſt. Vous eſtes détrom-
pée ſur ce qui concerne voſtre ſexe ;
vous eſtes perſuadée qu'il eſt égal
au noſtre ; & encore que ce ſentiment ſoit inconteſtable , au moins à
l'égard des Dames qui ont le bon-
heur de vous reſſembler ; je ne doute point que ſi ceux qui vous gouvernent venoient à vous declarer
que le livre de l'Egalité eſt mauvais
& contraire à l'Ecriture , vous re-
voqueriez tout ce que vous en avez
penſé d'avantageux , & en auriez
autant d'éloignement , que vous en
avez pû avoir d'eſtime.

De ſorte que ſi j'ajoûte à toutes
vos opinions , la deference & la

foumiſſion que vous avez pour la coutume, & pour l'exemple public, je croiray avoir touché les principaux articles ſur leſquels je puis juger de l'eſtat de voſtre conſcience. Je dis les principaux articles , parce qu'ils comprennent d'une façon ou d'une autre quantité de choſes que vous tenez pour certaines , comme ſont les idées d'honneſte & de deshonneſte , de vice & de vertu , & les hiſtoires que vous avez apriſes dans voſtre enfance, touchant le retour des Eſprits & les merveilleux effets de la Magie, que vous ont racontées les femmes avec qui vous avez vécu, ou que vous avez luës dans certains livres , que les perſonnes de voſtre ſexe croyent eſtre vrais , par la raiſon qu'ils ſont imprimez.

Je voy bien, dit Eulalie, que ſans avoir commerce avec le Demon, il n'eſt pas abſolument impoſſible de ſçavoir une partie de ce que les gens ont dans l'ame.

Non aſſeurément, reprit Stafimaque : & si je voulois aller plus loin, je pourrois vous parler de vos passions & de vos desirs que vous pensez estre bien cachez.

Comment feriez-vous cela, demanda Timandre ?

Je le ferois, répondit-il, par le moyen des intelligences secrettes que j'ay dans l'ame d'Eulalie, lesquelles me découvrent ce qu'elle n'y connoist pas elle-même. Et je ne puis me dispenser, ajoûta-t-il, en s'addressant à Eulalie de vous en montrer un échantillon, pour vous faire voir en quelque sorte, quel est le fondement de la certitude que vous avez, & l'origine de ces pensées qui servent de regle à vostre conduite.

Ressouvenez-vous, s'il vous plaist, que les plus grandes choses ont des commencemens tres-foibles ; que les Royaumes ont commencé par une simple famille composée seulement de deux personnes ; les embrasemens par une petite étincelle ; & les plus gros animaux par quelque

Surquoy est fondée la certitude de la pluspart du monde.

chofe d'auffi peu confiderable que les plus petits. Je n'ay pas befoin de vous parler de ce qui s'eft paffé en vous pendant que vous avez efté dans le fein de voftre mere ; ne vous eftant pas difficile de conjecturer que vous n'avez eu alors que des penfées fort confufes qui n'avoient pour objet ordinaires que les changemens interieurs que la nourriture pouvoit produire dans le corps.

Ainfi pour bien juger de ce qui nous arrive dans noftre enfance, il faut nous prendre au fortir du lieu où nous avons receu la vie, & nous regarder en cét eftat comme de jeunes étrangers que la mer a pouffez fur le rivage d'un nouveau Monde, où nous ne connoiffons ny les chofes qui s'y trouvent, ny les peuples qui l'habitent, ny la langue qu'ils parlent, ny les loix qu'ils obfervent.

Nous jugeons par préjugé & par erreur dans l'enfance.

Ne vous femble-t-il pas que les befoins & les incommoditez aufquelles un enfant qui ne vient que

de naiftre, fe trouve expofé par le
changement de climat, le troublent
& l'inquietent de telle forte qu'il n'a
pas le pouvoir de fonger à ce qu'il
eft ; que les maux qui l'affiegent fe
fuccedant fans interruption l'un à
l'autre, le rendent incapable d'attention ; & que n'ayant point encore d'experience qui luy apprenne
combien la precipitation dans les
jugemens eft dangereufe, il s'y laiffe
emporter avec d'autant moins de
refiftance qu'il y eft pouffé par les
paffions & par la neceffité qui le
preffe ? Et vous jugez bien que fi
dans la fuitte il n'arrive rien qui le
retienne, fon imagination prendra
une pente qu'il fera contraint de
fuivre.

En effet, un enfant n'a pas plûtoft
les yeux decillez, que les objets qui
l'entourent entrent en foule dans
fon efprit ; & n'ayant rien alors que
de rare & de furprenant pour luy,
ils le tiennent dans une admiration
continuelle qui paroift mefme fur

son visage, jusques à ce qu'ils se
soient entierement familiarisez avec
luy : Et cette multitude ne luy donnant pas le loisir de faire un juste
discernement, c'est une necessité
qu'il la reçoive en tumulte. Si vous
ajoûtez à cela, que l'union étroite
de l'esprit avec le corps, approche
de si prés ces deux parties & les rend
si sensibles aux interests l'un de l'autre, que les mouvemens & les impressions du corps font immediatement suivies des perceptions & des
jugemens de l'ame, vous n'aurez
nulle peine à conclure qu'il nous est
inévitable dans l'enfance de nous
laisser aller aux plus legeres apparences. Et il est tres-important de
remarquer icy que l'esprit qui n'est
touché en cét âge tendre, que de ce
qui concerne le corps, ne ressentant
alors qu'à son occasion ce qu'il a de
douleur & de plaisir, & n'estant
frappé que par des objets corporels
qui remplissent l'imagination, il s'y
accoutume de telle maniere, qu'il

ne sçauroit plus dans la suitte presque rien concevoir que de charnel
& de groffier.

Ainfi, conclut Timandre, le commerce où nous entrons par l'ouver-
ture des yeux , & qui d'un cofté
nous eft fi neceffaire, nous devient
pernicieux de l'autre cofté , en nous
rendant plus temeraires dans nos
jugemens & plus incarnés , pour
ainfi dire, dans nos penfées.

Noftre condition , reprit Stafimaque, ne devient pas meilleure à
cét égard, par la nouvelle liaifon qui
nous arrive quand nos oreilles fe
débouchent , & que nous devenons
capables d'entendre les fens. Parce
que les difcours que l'on nous fait
alors n'eftant pas feulement pour
nous montrer les chofes dont on
nous parle, mais encore pour nous
en marquer la bonté ou la malice,
l'impreffion des objets qui nous
touchent par les yeux , eftant forti-
fiée par celle que nous recevons en
mefme temps par les oreilles, le

poids & la rapidité de noftre imagination deviennent fi violens que
nous n'y pouvons prefque plus re-
fifter.

*L'Auto-
rité de nos
parens, de
nos maitres
& de nos
femblables
eft le prin-
cipal appuy
de noftre
aerirude.*

Mais la maniere dont nous confiderons dans noftre enfance les perfonnes qui ont foin de nous, ajoute
à ce poids un nouveau furcroift qui
le rend beaucoup plus fort. Comme
nous ne pouvons en cét état obtenir
fans leur fecours ce qui nous eft
abfolument neceffaire, l'idée de ces
chofes s'unit avec celle de ces perfonnes d'une façon fi étroitte, qu'elle en devient infeparable ; & le befoin de prendre de la nourriture,
pâr exemple, ne reveille point dans
un enfant l'image des mammelles
qui la luy fourniffent, qu'elle n'excite en mefme temps celle de la
femme qui les donne.

Ce que vous dites eft fi vray, dit
Eulalie, que jay remarqué cent fois
que les enfans préferent toûjours
les bras de leurs Nourrices à ceux
des autres femmes, & refufent mef-

me celles qui se presentent à leur place pour les allaiter.

Cela va si loin, ajoûta Sophie, que les peres & les meres ne sont traittez en cette qualité que dépendemment des nourrices, qui les leur montrent & les nomment; & j'ay encore observé que leurs nourrissons les regardent quand on leur presente quelque chose, comme pour leur demander si elle est bonne ou mauvaise, & s'ils la doivent recevoir.

Pour moy, dit Timandre, je n'ay plus de peine à comprendre que cette necessité naissante soit la source de l'amour que nous avons pour nos peres & pour nos meres, ou pour ceux qui tiennent leur place.

Cela est constant, reprit Stasimaque. Mais ce que nous devons icy considerer davantage, c'est que ce besoin que nous avons de ceux qui nous élevent est ce qui leur donne d'abord sur nos esprits cette autorité absoluë qui s'augmente ensuitte

par mille co. fiderations particulieres. Car outre les témoignages de
tendreſſe que nous en recevons ſans
ceſſe, à meſure que nous croiſſons,
nous remarquons que non ſeulement nous dépendons d'eux pour
nous approcher de ce qui nous eſt
ou utile ou agreable, & pour nous
éloigner de ce qui nous eſt nuiſible
ou fâcheux : mais encore qu'ils nous
previennent dans nos beſoins par
leurs avis & par leurs ſoins : & bien
loin de voir quand ils ſe trompent
eux-meſmes, nous obſervons au
contraire que s'ils nous font quelque tromperie c'eſt de deſſein &
pour noſtre ſeul avantage. De ſorte
que ne pouvant ny connoiſtre ce
que nous voulons, ny en avoir l'u-
ſage que par leur entremiſe, nous
nous portons de nous meſmes à
nous ſoumettre à leur autorité & à
leurs lumieres. Nous voulons ce
qu'ils veulent, nous aimons ce qu'ils
aiment ; nous condamnons ce qu'ils
condamnent, & nous n'approuvons
que

que ce qu'ils nous difent d'approuver : En un mot, leurs paſſions &
leurs jugemens deviennent en tout
la regle des noſtres. Et ce qui nous
confirme dans la ſoumiſſion aveugle
que nous avons pour eux, c'eſt d'un
coſté le ſentiment de noſtre foibleſ-
ſe & de noſtre ignorance, joint à la
credulité de l'enfance, & de l'autre
coſté les menaces & les promeſſes
qu'ils nous font, les recompenſes
& les peines qu'ils nous propoſent
pour nous porter à les croire & à
leur obeïr, & enfin l'experience du
mal ou du bien qui nous arrive ſelon
que nous ſuivons leurs conſeils.

Or comme la deference que nous
avons pour nos peres & pour nos
meres, eſt la plus entiere & la plus
univerſelle dont nous ſoyons capables, La deference que nous avons
pour les autres dans l'enfance n'eſt
qu'une émanation de celle-là. Nous
connoiſſons Dieu & nous l'honno-
rons en la maniere qu'ils nous l'en-
ſeignent, & nous le montrent

E

par leur exemple; Nous avons du
respect & de la créance pour nos
Maistres , parce que nos parens
nous l'ordonnent. Comme l'autorité que nos superieurs ont sur nous
est une communication ou un trans-
port que leur ont fait nos peres &
nos meres qu'ils representent , nous
leur attribuons la mesme infaillibilité , & recevons leurs maximes &
leurs preceptes pour des veritez incontestables.

Enfin , si nous embrassons un
genre de vie , si nous nous soumet-
tons à certaines personnes plûtost
qu'à d'autres , si nous entrons dans
un opinion , si nous suivons une
coutume ou une mode , le principal
mobile qui nous y pousse , c'est
l'autorité & l'exemple de nos peres
& meres , & de ceux qu'ils nous ont
ordonné d'imiter & d'écouter.

Ainsi , il faut avoüer que le premier principe de tout ce que vous
sçavez, de tout ce que vous croyez ,
& de tout ce que vous faites , c'est

la créance que vous avez euë en vos
parens & en vos maiftres , & le fecond principe qui dépend du premier , c'eft la deference aveugle que
vous rendez à la coutume & à l'e-
xemple de vos femblables. Et c'eft
delà que vous tirez toutes les idées
que vous avez de verité , de fcience ,
de vertu , de juftice & d'honnefteté.

Puifqu'il faut eftre fincere , dit
Eulalie , je vous avoüé que je ne
puis difconvenir de tout ce que vous
venez de dire , & que jufques à prefent j'ay fait gloire de penfer , de
parler & d'agir comme les autres ,
pour fuivre en cela les inftructions
& les exemples de ma mere.

Si l'aveu que vous faites , reprit
Stafimaque , eft auffi fincere qu'il
paroit , je vous declare que vous
eftes plus avancée que vous ne penfez dans le chemin que vous cherchez ; puifque vous avez fait le premier pas & le plus important de
tous , qui eft de reconnoiftre l'eftat
où vous eftes prefentement , ou

F ij

pour mieux dire, le fondement de la certitude que vous avez. Permettez-moy encore, de vous reprefenter cét état fous fes veritables couleurs.

Idée d'u-
ne perfonne
qui ne fçait
rien que
par préjugé.

Suppofant que ce que vous venez d'entendre, ne foit pas une chimere, vous ne devez pas trouver mauvais que je vous die que mettant à part le defir que vous témoignez avoir de connoiftre la verité; Il eft certain que les perfonnes qui penfent comme vous avez fait jufques icy, font dans le plus pitoyable eftat du monde. Elles croyent fçavoir beaucoup, & elles ne fçavent rien. Leur condition eft pire que fi elles étoient dans une entiere ignorance de toutes chofes, où n'ayant aucune idée de la verité, elles en feroient moins éloignées. Et l'on peut dire fans exagerer, qu'elles font femblables à des infenfez & à des gens endormis qui s'eftimeroient infiniment riches par un jeu de leur imagination qui leur perfuaderoit que tout ce qu'ils voyent leur appartient.

En effet , ces perſonnes ayant
donné entrée dans leur eſprit in-
différemment & ſans choix à tout
ce qui s'eſt preſenté , n'eſt - ce pas
une ſuitte neceſſaire que bien loin
d'avoir de l'exactitude , du diſcernement & de la juſteſſe , elles ſoient
pleines de confuſion & de tenebres
qui les obſcurciſſent & les aveu-
glent ? Et comme elles ont toûjours
ſuivi leur premiere pente , ſans jamais s'arreſter ſur les choſes pour
les examiner ſerieuſement , il faut
qu'elles ſoient precipitées & temeraires dans leurs jugemens ; & pour
s'eſtre trop legerement laiſſé aller
aux apparences , & entraîner par la
coutume ou par quelque autre torrent , qu'elles ayent pris de fauſſes
lueurs pour de ſolides lumieres , &
ſe ſoient ainſi remplies de préoccu-
pation & d'erreurs. Ce qui eſt cauſe
qu'elles embraſſent tous les ſentimens qui ont la marque publique,
qu'elles les ſoutiennent avec opi-
niâtreté , qu'elles employent pour

F iij

les deffendre tout ce que leur imagination leur fournit, qu'elles s'emportent à la moindre opposition, &
que n'ayant dans l'esprit, quand on
leur parle, que la fantaisie dont
elles sont prevenuës, il arrive ou
qu'elles n'écoutent pas mesme ce
qu'on leur dit, ou qu'elles le prennent à contre-sens, & se rendent
de cette sorte incapables d'estre dé-
trompées, en reconnoissant leurs
erreurs & la verité qu'on leur propose.

Comme ces gens-là, poursuivit-
il, agissent plus par memoire que
par jugement, & qu'ils n'entendent
pas mesme la langue dont ils se servent; ils se payent mieux de mots
que de raisons; ils ne veulent rien
que de mysterieux & de caché; ils
ne sont jamais plus contens que
lorsqu'ils ont de ces termes fastueux
& consacrez qui remplissant la bouche & l'oreille, laissent l'esprit dans
un vuide & dans une inanition
continuelle; & jugeant de la verité

par le ton de la voix , par les manieres , par la qualité , par l'âge ,
par les biens , & par les habits des
perfonnes, ils en content le nombre,
au lieu d'en pefer les Difcours.

Pour fçavoir quelle eft la folidité
de leur vertu , fouvenez-vous qu'ils
font gloire d'eftre prefts de changer
au dehors & au dedans, fi ceux qui
les gouvernent venoient à leur en
donner l'exemple. Et fi vous con-
cluez de cette difpofition , comme
il le faut, que fi ces perfonnes é-
toient nées dans un autre fiecle ou
dans un autre païs dont la doctrine
& les coutumes fuffent differentes
de celles qu'elles font profeffion
d'obferver , leurs fentimens & leur
conduite ne le feroient pas moins ;
vous avez pareillement raifon de
conclure que leur vertu eft une vertu à la mode, une vertu d'imitation,
de finge & de Theatre , en un mot
un vain Phantôme qui n'ayant que
l'apparence , s'évanoüit à mefure
que l'on tire le rideau , & que les

spectateurs disparoissent. Enfin elles
sont le joüet des fantaisies populaires : elles condamnent aujourd'huy
ce qu'elles approuveront demain:
Elles sont comme des giroüettes
mobiles, ou des machines suspen-
duës que le moindre branle détermine à pencher de quel costé on les
veut ; & n'ayant ny serres pour s'attacher à ce qu'elles sçavent, ny fermeté dans leurs resolutions qu'autant qu'il leur en vient de dehors,
on les peut justement comparer à
un vaisseau qui n'ayant ny ancre ny
timon se meut au gré des vens &
des vagues qui le poussent.

Ce tableau, tel que vous le voyez
est un peu flatté, & l'on y pourroit mettre encore des traits & des
couleurs qui le rendroient plus res-
semblant. Mais ne m'imitez pas je
vous en conjure ; & sans vous flatter vous mesme, voyez si vous ne
vous reconnoissez pas dans cette
peinture ; & quelles conclusions il
en faut tirer pour vostre avantage.

Je

Je me trouve si difforme, répondit Eulalie, que j'aurois de la peine à l'avoüer sans l'assurance que vous m'avez donnée que cét aveu pourra servir à me rendre plus belle que je ne suis.

Vous avez d'autant plus de sujet de bien esperer, luy dit Timandre, qu'avec vostre esprit, vous avez encore le desir & les moyens de sortir d'un état si déplorable, ce qui manque à la pluspart, je ne dis pas seulement des femmes, mais encore des hommes, qui ignorent ce que Stasimaque vient de representer, & qu'il est absolument necessaire de sçavoir.

Mais, ajoûta-t-il, en s'adressant à Stasimaque, il me semble qu'Eulalie peut tirer de vostre discours des consequences toutes contraires au dessein que je croy que vous avez eu, de la disposer insensiblement à se détacher de la coutume & de l'autorité humaine dans la recherche de la verité. Car s'il est

G

vray que nous donnons naturellement dans le préjugé & dans l'erreur ; ne paroit-il pas que le plus
court pour nous en tirer, c'est de
recourir à la voix publique ; qu'il
n'y a rien de plus certain que ce que
l'on trouve étably par un consentement general ; qu'au lieu qu'une
personne qui s'en rapporte à ses
propres lumieres doit craindre de se
tromper, l'on n'a rien à craindre lorsque l'on s'en rapporte à un grand
nombre de gens , & particulierement de gens habiles & éclairez,
qui ayant examiné les choses n'auroient eu garde de souffrir que des
opinions fussent devenuës publiques , si elles n'avoient pas esté les
meilleures ; qu'il n'y a pas d'apparence que tant d'hommes se trompent ou connivent à la tromperie ;
qu'il n'est tel que de prendre le
grand chemin comme le plus battu
& le plus seur, qu'il se faut tenir
au gros de l'arbre, & qu'il y a
moins de danger à s'égarer avec

une multitude que d'aller droit avec un seul.

Souffrez, repartit Stasimaque, que je vous die que ce sont là les lieux communs qui viennent dans l'esprit de tout le monde, & particulierement des femmes, lesquelles ayant esté élevées d'une maniere qui les rend plus soumises & plus timides que les hommes, s'attachent plus fortement à l'opinion & à la coutume, & ont ainsi plus de peine à l'abandonner. Mais je voudrois bien demander à une Dame d'esprit, ajouta-t-il, comment elle sçait que le grand chemin est celuy de la verité ; que ce gros de l'arbre auquel elle demeureroit attachée, n'est point un phantôme qu'elle embrasseroit ; que ces sçavans pretendus, le sont en effet, & infaillibles en telle rencontre qu'il luy plaira. Mais comme ce point de l'autorité publique en matiere de science, est des plus importans que l'on puisse examiner pour la conduite de l'esprit, tâchons de l'examiner comme il faut, pour la satisfaction de Sophie & d'Eulalie, reservant à un autre entretien ce qui concerne l'histoire.

L'opinion ou la voix publique ne donne aucune certitude.

Pour prendre la chose dans son principe, m'avouërez-vous pas que d'homme à homme, L'un n'est point soumis à l'autre : parce qu'étant tous égaux selon la nature, & tous également sujets à l'erreur, ce seroit une imprudence de donner nostre consentement à ce qu'un homme nous dit, simplement à cause qu'il le dit. Car dans cette égalité, nous devons autant nous croire nous-mesmes que les autres ; & si nous nous rendons à quelqu'un, il doit par la mesme raison se rendre à nous, & chacun en particulier à tous les autres également, & se charger ainsi des sentimens & des imaginations de tous ses semblables, n'y ayant pas de raison d'en préferer l'un à l'autre.

Cela est visible, dit Timandre,

& pour recevoir de dehors quelque opinion ou quelque penſée comme veritable, il faut avoir quelque motif qui nous y porte : or le motif le plus naturel & le plus ordinaire, c'eſt le titre & la capacité de ſçavant.

Mais comment ſommes - nous aſſurez qu'un homme eſt habile, demanda Eulalie.

Nous le ſommes, répondit Staſimaque, ou par nos propres lumieres, ou par le témoignage que l'on nous en a rendu. Nous le connoiſſons par nous-meſmes, lorſque ſçachant fort bien les choſes, nous jugeons par les diſcours d'un homme qu'il les connoit comme nous.

En cette rencontre, interrompit Sophie, la certitude que nous avons de la capacité d'une perſonne, n'eſt pas fondée ſur la bonne opinion que nous en aurions, mais ſur noſtre capacité propre.

Que ſi ne ſçachant pas certaines choſes, ajouta Staſimaque, un

G iij

homme qui paſſe pour y eſtre habile, nous en entretient d'une maniere qui porte dans l'Eſprit des
idées claires & diſtinctes, en ſorte
qu'y faiſant attention, nous puiſ-
ſions dire que les choſes ſont en
effet de la façon qu'il les repreſente:

Il eſt encore viſible, répondit
Sophie, que l'approbation que nous
luy donnons a pour fondement la
verité qu'il nous a appriſe, & nullement la créance où nous eſtions
qu'il en eſtoit bien inſtruit.

Mais que faut-il penſer des gens
qui ne ſe font point entendre, demanda Eulalie?

Quand cela vient, repliqua Staſimaque, faute d'intelligence en ceux
qui écoutent, c'eſt à eux à ſe connoiſtre, & c'eſt leur parler comme
aux aveugles, des couleurs.

Eulalie, entend les gens d'eſprit,
dit Timandre.

Pour ceux-là, repartit Staſimaque, quand les ſujets dont on les
entretient ſont de nature à eſtre

compris avec attention par les gens
qui ont aſſez d'intelligence , & que
les mots qu'ils entendent ne leur
donnent aucun jour , je croy qu'ils
peuvent conclure que ceux qui leur
parlent , n'ont que des mots dans
l'eſprit , ou des imaginations chi-
meriques qui ne peuvent ſortir de
la teſte qui les a formées , & l'on
ne peut avoir pour ces Diſcours
obſcurs & inintelligibles qu'un ac-
quieſcement de civilité ou d'intereſt. Car je ne conçois pas comment un homme raiſonnable peut
acquieſcer au fond de l'ame , à des
choſes qui repugnent à ce qu'il
ſent , ou à des mots dépourveus d'i-
dées ſur leſquels l'eſprit n'a point
de priſe. Les penſées ſont pour
nous , & les mots ſont pour nous
faire entendre aux autres ; & c'eſt
étoufer le deſir que nous avons de
ſçavoir , & aller contre la nature &
la perfection de l'eſprit que de s'arréter à de purs ſons. De ſorte que
quand nous ſerions aſſurez qu'un

G iiij

homme eſt le plus bel eſprit de la
terre, qu'il auroit examiné les choſes ſans prévention & ſans erreur,
avec toute l'exactitude & toute l'attention poſſible, qu'il auroit ſuivi la
conduite & les regles neceſſaires
pour découvrir la verité ; qu'il auroit préveu toutes les difficultez qui
ſe pourroient faire ſur ſon ſentiment, s'il ne ſe fait point entendre
en cette matiere, nous ne devons
non plus y avoir égard que s'il ne
nous en avoit jamais rien dit ; &
nous ne pouvons conclure de ſes
diſcours ſinon qu'il nous a dit des
choſes que nous n'avons pas enten-
düës, ſi nous ne voulons pas dire
qu'il ne les entend pas luy-meſme.

Je croy, dit Eulalie, que la plus
forte preuve qu'un homme eſt ſçavant c'eſt lorſqu'il ſçait faire connoiſtre aux autres ce qu'il ſçait ; &
qu'il eſt en cela des morts comme
des vivans. Et je vous avoüe qu'on
n'a pas lieu de me faire le reproche,
que Staſimaque faiſoit tantoſt aux

femmes, de tenir pour vray tout ce
qu'elles voyent imprimé.

Vous estes dans la meilleure disposition du monde, reprit Stasimaque. Nous ne sommes pas plus
obligez de croire une personne lorsqu'elle nous entretient par ses écrits,
que si elle nous entretenoit de vive
voix, quand mesme nous serions assurez invinciblement que ces écrits
sont de l'Autheur dont ils portent le
nom; qu'ils n'ont point esté alterez
par ceux qui les ont copiez, traduits, commentez, ou combattus;
& que les livres des Adversaires ne
sont pas meilleurs, & n'ont point
esté supprimez ou corrompus. Et
s'il nous est permis de contredire
un Autheur avec lequel nous parlons, il est permis à plus forte raison
d'éplucher ses ouvrages, puisqu'il
n'y a pas ainsi lieu de craindre de le
choquer, y eut-il cent mille ans
qu'ils fussent faits, & autant de
millions d'hommes qui les eussent
approuvez.

Voilà juftement ce qui fait ma peine, repartit Timandre. Car d'un cofté, quand on me propofe quelque chofe que je n'entends pas, je ne fçaurois m'y rendre aveuglément comme font la plufpart des gens ; mais d'un autre cofté, je croy eftre obligé de me rendre, quand j'apprend que cette chofe a efté embraffée par un grand nombre de fçavans & durant plufieurs fiecles.

Je ne m'en étonne pas, repliqua Stafimaque. Il n'y a rien de plus ordinaire que cette difficulté, qui vient de ce que l'on confond nos connoiffances avec la maniere de les acquerir, & qu'ainfi l'on ne prend pas garde de quel poids doit eftre le témoignage de plufieurs fiecles. Il y a des chofes que nous pouvons connoiftre par nous mefmes, par noftre raifon, par nos propres lumieres, telles que font celles qui font l'objet de la Philofophie, de la Grammaire & des autres fciences. Et il y en a d'autres que nous

ne pouvons connoiftre que par l'entremife & par le rapport d'autruy,
comme font celles qui fe paffent
dans les lieux où nous ne nous trou-
vons pas, & dans les temps où nous
n'avons pas efté. Il eft vray qu'à
l'égard de celles-cy, le témoignage
des hommes nous eft abfolument
neceffaire : Et lorfque l'on trouve
un confentement general & uniforme de plufieurs perfonnes, &
particulierement habiles & d'inte-
refts differens, qui s'accordent fur
un mefme fait, je ne voy pas que
l'on puiffe refufer de le recevoir,
autrement il faut renoncer à tout
ce qu'on appelle hiftoire, & ne
plus rien croire que ce que l'on
voit.

J'entends bien, repliqua Timandre. Mais que penfez-vous des chofes qui appartiennent à la raifon.

Vous dites vous-mefmes, repartit
Stafimaque, ce qu'il en faut penfer ; & voftre difficulté porte fon
éclairciffement. Car ce qui eft du

reffort de la raifon doit eftre connu par la raifon ; & pour bien connoî- tre la nature, il faut la connoiftre foy - mefme. Nous pouvons nous fervir du fecours que les Autheurs nous ont laiffé : mais nous ne devons pas avoir plus de deference pour eux, quoy que leurs opinions ayent efté fuivies durant plufieurs fiecles, & par un grand nombre de gens qui ont paffé pour fçavans, que fi nous avions efté leurs contemporains. Parce que la verité ny la fauffeté d'un fentiment ne font point fon- dez fur fon antiquité, ny fur la mul- titude des perfonnes qui l'ont ap- prouvé ou condamné.

Il me reftoit encore quelque fcrupule là deffus, dit Sophie ; mais prefentement je n'en ay plus : je voy bien qu'il n'y a point de prefcription à l'égard des opinions, n'y en ayant point en faveur de l'erreur, ny con- tre la verité.

Et afin de mieux comprendre, pourfuivit Stafimaque, quelle de-

ference on doit avoir pour le consentement des sçavans sur un mesme
Autheur, il faut que je vous die de
quelle maniere ils embrassent d'or-
dinaire les opinions qu'ils défen- *Quel fond on peut fai-*
dent. Ils sont à l'égard de leurs Pro- *re sur le*
phetes, permettez moy de donner *consente-*
ce mot aux grands hommes, en cet- *ment des*
te occasion, ils sont, dis-je, à leur *sçavans.*
égard comme des brebis qui suivent
celle qui se rencontre la premiere,
& taschent de passer par tout où elles la voyent passer. Quand par hazard ou autrement ils se trouvent
sur les traces de quelqu'un, ils ne
songent plus qu'à marcher aprés luy
& à l'imiter comme des Esclaves ;
& ne faisant que se copier les uns
les autres, ce n'est pas merveille de
voir entr'eux durant deux mille ans
une si grande uniformité d'opinions,
ou, pour mieux dire, de langage.

Le Philosophe Aristote nous
peut mieux servir d'exemple qu'aucun autre, comme celuy qui a le
plus de credit dans le païs où nous

fommes. Quoy qu'il n'ait pas dit
trop de bien des femmes , ajoûta-
t-il , en regardant Sophie & Eulalie,
& qu'il les ait appellées des mon-
ftres , ne laiffez pourtant pas de l'e-
ftimer comme un des premiers hommes de fon temps. Sa reputation luy
attira des Difciples , comme il arrive aujourd'huy à fes fuppofts qui
font en vogue. Ainfi vous pourrez
juger de l'établiffement & du progrez de fa doctrine & de fa fecte par
ce qui fe paffe prefentement. Et pour
vous apprendre quelqu'autre chofe
en mefme temps , vous fçaurez que
quand nous entrons dans les Ecoles
publiques pour y eftre inftruits,
c'eft à dire en un âge où nous prenons pour des hiftoires veritables
celles de Richard fans peur & de la
belle Maguelone , & tous les autres
contes que nos grandes meres , &
nos nourrices nous ont appris, La
premiere chofe de laquelle on nous
informe c'eft le fymbole Academi-
que , dont le principal article nous

oblige de croire que Ciceron, Virgile, Aristote, sont des Originaux imimitables, d'aprés lesquels ont esté faits les plus excellens ouvrages que nous ayons, & que l'on ne peut esperer de salut dans les belles lettres ny dans les sciences qu'en se les proposant pour modeles. Nos maistres ont soin de nous entretenir dans cette veneration par des éloges magnifiques qu'ils donnent de temps en temps à ces Auteurs, & nous faisant apprendre avec respect les pieces qu'ils nous ont laissées, nous les rendent encore plus recommandables, par les peines & par les recompenses qu'ils nous proposent, afin de nous y faire reüssir. Avec ces preparations, nous montons, comme l'on dit, en Philosophie où tout retentit des Discours que l'on y fait à la loüange du Genie de la Nature; Et nos professeurs ne nous parlant non plus de préjugez que si nous ne venions que de naistre, nous y confirment encore en nous y laissant.

Ils nous inſpirent de l'averſion pour les Philoſophes qui ne ſont pas de leur opinion ; & la fortifiant par des conſiderations de Religion, ils nous inſpirent de la haine pour de pauvres inconnus, de la lecture deſquels ils nous détournent d'autant plus hardiment, que ſouvent ils n'ont pas lû la table de leurs ouvrages par le meſme ſcrupule qu'ils tâchent de nous communiquer.

Cependant nous les regardons eux-meſmes comme des Oracles. Nous nous diſons tacitement, comme diſent les femmes, qu'il n'y a pas d'apparence que ce ne ſoient pas des gens habiles, puiſqu'on les a revêtus des Titres & de l'Authorité neceſſaire pour inſtruire publiquement. Ainſi pendant que noſtre jugement ſe repoſe, nous faiſons travailler noſtre memoire à apprendre certaines choſes que l'on ne peut dire qu'en Latin. Et aprés que nous nous ſommes ſuffiſamment chargez du langage du païs, & que nous le

ſçavons

sçavons parler , nous devenons
Maiſtres avec honneur , comme les
noſtres le ſont devenus ; nous faiſons
des Diſciples à noſtre tour , & des
Maiſtres qui nous reſſemblent. De
cette ſorte noſtre Doctrine ſe perpe-
tuë d'année en année & de ſiecle en
ſiecle , & ſe répend dans les Provinces. Et chacun ſe rapportant de l'e-
xamen de ce qu'il croit ſçavoir , à la
bonne foy de ceux qui l'ont enſei-
gné , nous ſommes auſſi aſſurez aujourd'huy qu'on l'eſtoit du temps
d'Ariſtote. Il en eſt de meſme de
toutes les ſciences.

Vous me faites reſſouvenir , dit
Timandre, de la maniere dont j'ay
étudié autrefois. Et je conclus que
ce n'eſt pas ordinairement par raiſon
que l'on rejette une doctrine , puiſque c'eſt plus ſouvent par hazard &
par coutume que par raiſon qu'on
l'embraſſe. De ſorte que comme le
conſentement de pluſieurs perſonnes ſur une meſme choſe , marque
ſeulement qu'elle a eſté approuvée,

H

non pas qu'elle soit veritable, nous ne devons juger de leur opposition à un sentiment, sinon qu'il a esté combattu, non pas qu'il est erroné ; qu'il a eu le malheur d'estre le plus foible, & non le pire.

Ce que vous dites est si vray, ajoûta Stasimaque, que quand il s'éleve une secte ou une opinion que l'on croit nouvelle, on la regarde comme un monstre qu'il faut étouffer dés sa naissance : l'on a si peur qu'elle ne croisse, qu'on la supprime sans la voir ; Et ceux à qui on demande raison de cette conduite, pensent bien satisfaire les gens, que de leur répondre que cette opinion est contraire à l'usage, & à ce que les Ancestres ont crû.

Cela est plaisant, dit Eulalie, comme si les Ancestres estoient plus sages & moins hommes que leurs descendans. Mais je voudrois bien sçavoir, ajoûta-t-elle, s'adressant à Stasimaque, si vous ne vous rendriez pas au sentiment de plusieurs

gens habiles en effet ou de reputation qui auroient examiné enfemble
une matiere.

Si c'eſtoit des gens habiles en effet, répondit Staſimaque, qui me
fiſſent comprendre les choſes, je
m'y rendrois ſans difficulté, comme
je me rendrois à un ſeul qui m'enſei-
gneroit la verité : mais s'ils n'é-
toient habiles que de reputation, &
que je fuſſe en leur preſence, je pouſ-
ſerois la civilité juſques au bout,
parce que je ne voudrois pas leur
rompre en viſiere.

Je ſuis bien de voſtre avis, dit *Quelle eſt*
Sophie. Quand il y a tant de gens *l'Autorité*
enſemble, je croy que l'on peut s'en *d'une aſ-*
defier & craindre la confuſion. Il y *ſemblée de*
a toûjours preſqu'autant d'intereſts *ſçavans.*
& de genies differens que de perſonnes dans les grandes aſſemblées. Le
defir de paroiſtre ou la honte de ceder fait que chacun s'attache à ſon
ſentiment avec plus d'opiniaſtreté.
Le beſoin de ménager le monde, la
crainte de ne ſe pouvoir ſoutenir, ou

H ij

de choquer ceux d'un avis contraire,
& la déference que l'on est si accoûtumé d'avoir pour le nombre, font
que la pluspart se rengent du costé
du plus grand, que le plus fort l'emporte, que l'on opine du bonnet, &
que l'on en revient d'ordinaire à la
pluralité des voix. Et pour un qui sera desinteressé, il y en aura vingt
qui ne le seront pas. Quand mesmes ils le seroient tous ; il ne s'en
trouvera peut estre pas deux qui apportent la mesme disposition d'esprit. Chacun n'a-t-il pas ses principes & sa methode particuliere? L'un
a des préjugez en une chose, & l'autre en une autre. Celuy-cy est ar-
dent, prompt, decisif & zelé : Celuy-là est froid, lent, & timide.
Les uns sont bien instruits des matieres, les autres ne le sont qu'à demy ou point du tout. Il y en a qui
voltigent, d'autres qui s'appliquent:
tantost on s'arreste trop aux mots,
tantost on les neglige trop ; & cette
bigarrure ne produit jamais rien qui

vailie. Je fçay encore, ajoûta-t-elle,
que les vieux Rubins inveterez dans
leurs preventions les deffendent à
corps & à cri, & que souvent ayant
pour eux l'usage & l'autorité publique, outre les brigues & les caba-
les, ils contraignent les jeunes de
ceder.

Vous representez si naïvement,
dit Stasimaque, ce qui se passe dans
la pluspart des compagnies sçavantes que si l'on avoit accoûtumé d'y
appeller les Dames, je croirois que
vous avez eu le secret des plus considerables.

Cela vient, repliqua Sophie, de
ce que j'ay lû quelques histoires, &
en partie de ce que je reçois quelque
fois visite de gens d'esprit qui m'en-
tretiennent de ce qu'ils ont remarqué dans les assemblées où ils ont
assisté. Je me souviens, ajoûta-
t-elle, qu'un de mes amis qui sçait
parfaitement le monde d'autrefois
& le monde d'aujourd'huy, me parlant un jour de la bizarrerie des opi-

De quelle considera-tion est la coutume.

nions & des coûtumes, me fit obferver que les mieux intentionnez
avoient efté mille fois obligez par
la raifon d'eftat & pour le repos public, de laiffer des erreurs manife-
ftes, & des pratiques peu raifonnables.

Le genie du peuple.

Il ne faut pas s'en étonner, dit
Timandre. Le peuple eftant idolatre
comme il eft de fes opinions & de
fes coûtumes, il eft quelquefois de
la faine politique de les maintenir
telles qu'elles foient. Car vous fçavez qu'il les regarde comme un he-
ritage & une vigne qui luy a efté
laiffée par fes peres ; qu'il eft toûjours preft à fe foulever, à prendre
les armes, à mettre tout en com-
buftion, & à fe détruire luy-mefme
pour conferver fes phantômes. Et
ce n'eft pas fans raifon que les fages
politiques le confiderent comme un
cheval fougueux qui prend aifément
le frein aux dents, fi l'on n'a foin de
le retenir, & qu'il faut flatter de
la voix & de la main pour l'empef-

cher de fe cabrer , & pour le manier
à courbettes. En un mot, on a toûjours dit du peuple qu'il veut eftre
trompé , & entretenu dans fa tromperie, & qu'il eft dangereux d'entreprendre de l'en tirer.

Cét enteftement , reprit Stafimaque , n'eft pas particulier au peuple
groffier & ignorant. Les fçavans en
tiennent auffi : & la populace parmy eux eft fujette à des convulfions
& à des mutineries encore plus fre-
quentes & plus longues que celles
dont vous parlez.

Car au lieu qu'un fcrupule donné
à propos , une defcription pathetique, un difcours bien tourné , font
capables de faire quitter à la lie du
peuple , les armes qu'un autre fcrupule luy auroit fait prendre ; au lieu
qu'une fedition populaire fe diffipe
d'elle-mefme , quand il n'y a point
de Chef , & que perfonne ne la fo-
mente : Lorfque le flambeau de la
divifion s'eft une fois allumé parmy
des fçavans de profeffion , Il y caufe

un embrasement d'autant plus fune-
ste qu'il passe jusques à l'esprit. Chacun s'érige en chef de party, l'un
n'est pas plûtost abbattu qu'un autre
s'éleve : quand ils sont une fois en
campagne , ce sont des mouches
animées que l'on a bien de la peine
à rappeller.

Comme ils croyent avoir plus de
raison que le peuple , il est plus difficile de les faire revenir. C'est ce
qui a obligé de deffendre dans les
Ecoles de parler publiquement en
aucune façon de certaines matieres
qui échauffoient trop la bile ; de permettre de ne parler qu'affirmative-
ment de certaines , parce qu'elles
sont conformes à l'opinion vulguai-
re , quoyque l'on ne condamne pas
ceux qui tiennent la negative en particulier. Enfin comme si les sçavans
reprenoient l'esprit des petites éco-
les quand ils sont mutinez , il n'y a
que la ferule qui soit capable de les
appaiser : Et dans tous les siecles il
a falu avoir recours aux souverains
qui

qui ont sceu terminer par pleine
puissance & d'authorité royale, les
tumultes que l'opinion avoit ex-
citez.

Il n'y a, dit Sophie, que les sçavans du bas étage qui tombent dans
ces convulsions. J'en connois d'autres qui sont d'une humeur toute opposée, qui haïssent si fort les querelles & les disputes , qu'ils n'aiment pas mesme à se trouver aux
endroits où ils prevoyent qu'il en
pourroit arriver. Mais une des choses que j'estime le plus en eux , c'est
l'amour qu'ils ont pour la verité. Et
leur desinteressement est si grand
qu'encore qu'ils ayent les titres les
plus honorables , & qui donnent
aux Doctes plus de credit , ils ne s'en
servent jamais avec les honnestes
gens ; & n'aimeroient pas une personne qui défereroit à leurs sentimens en consideration de la qualité
de Docteur, n'estimant pas qu'elle
rende un homme plus croyable.

Ils ont raison , dit Stasimaque.

I

Cette qualité estant seulement une marque que ceux qui la portent, en ont esté honnorez, pour avoir esté trouvez capables de soutenir les opinions du païs & de la compagnie où on les a aggregez. Car si c'estoit une preuve que l'on sceust la verité, il faudroit conclure que les Docteurs Anglois, Turcs, & Chinois la sçauroient aussi. Dequoy tout le monde ne tomberoit pas d'accord.

Je ne voudrois pas, dit Timandre, me rendre garant de tous ceux qui ont le titre de Maistre. Nous ne sommes pas obligez de croire qu'ils sont tous Orthodoxes : car nous voyons qu'ils ne s'accordent pas toûjours, & qu'ils s'entr'accusent quelquefois les uns les autres.

A quoy donc servent ces approbations de Docteurs que je voy à la fin de la pluspart des livres, demanda Eulalie.

A rendre le témoignage qu'elles portent, répondit Stasimaque. Si vous avez pris la peine d'en lire quelqu'une , vous avez pû y remarquer qu'elles servent à assurer que les livres pour lesquels on les a données ne contiennent rien de contraire à la Religion, & à certaines opinions vulgaires du païs, qu'il n'est pas permis de choquer. Car vous sçavez que toutes sortes de veritez ne sont pas bonnes à dire , & qu'un approbateur estant une personne publique , ne doit pas souffrir que l'on mette dans un ouvrage des veritez dont mesme il seroit persuadé , si elles devoient faire du bruit.

Ainsi l'approbation d'un livre, dit Eulalie, n'est pas une marque infaillible de verité.

Nullement, repliqua Stasimaque, Car outre que l'on approuve en ce siecle ce que l'on a condamné en d'autres , que l'on rejette en France des choses que l'on reçoit en Espagne , il se glisse dans les ouvrages, mesme de Religion , mille opinions Philosophiques & indifferentes dont le choix est à discretion.

Alors Sophie s'adreſſant à Eulalie , comme c'eſt principalement pour vous , luy dit-elle , que ces Meſſieurs ont parlé , c'eſt à vous à tirer de leur diſcours les conſequences qui en ſuivent.

Je voy fort bien , répondit Eulalie , qu'il ne faut pas prendre la voix publique pour regle de nos ſentimens dans les choſes que nous pouvons connoiſtre nous-meſmes : qu'il eſt des opinions comme des modes , que l'on ne reçoit pas toûjours les plus commodes ny les meilleures , mais les premieres qui ſe preſentēt.

Vous avez raiſon , dit Timandre. Il eſt des coutumes comme des grandes rivieres qui commencent par un filet d'eau, & qui ayant, pour ainſi dire , le bonheur de ne ſe pas perdre auprés de leur ſource , ſe groſſiſſent par le mélange des ruiſſeaux qui ſe rencontrent ſur leurs cours.

Il me ſemble , ajoûta-t-il , que l'on peut encore conclure de cét en-

tretien que si le consentement de
tout un Royaume & de plusieurs
siecles estoit une marque de verité,
les opinions les plus contraires seroient également vrayes ou fausses ;
n'y en ayant peuteftre aucune aujourd'huy dont l'opposée n'ait eu
son regne autrefois, ou ne soit sou-
tenuë non seulement par des gens
qui passent pour habiles, mais encore par des peuples entiers.

Ces reflexions, dit Stasimaque à
Eulalie, regardent l'éclaircissement
de la premiere demande que je vous
ay faite, touchant l'estat de vostre
ame, & les connoissances que vous
avez. Et je me réjoüis que vous
soyez convaincuë que vous ne sçavez rien avec certitude, sinon que
vous avez une volonté ferme &
constante de connoistre les choses
de la meilleure maniere qu'il vous
sera possible de trouver. C'est cette
maniere que vous recherchez, c'est
à dire, une regle assurée qui vous
donnant pour toutes choses du dif-

cernement & de la jufteffe , vous
apprenne à diftinguer par leurs propres caracteres , le vray & le faux ,
le vice & la vertu , le bonheur & le
malheur. Ce que vous demandez
c'eft un remede efficace lequel vous
gueriffant de la prévention & de
l'erreur , vous redonne une fanté
tres-parfaite , & vous puiffe fervir
de prefervatif contre les maux & les
rechutes que vous pourriez apprehender. Vous fouhaittez une lumiere qui diffipant les tenebres , la
confufion & le trouble de l'efprit , y
ramene la clarté & le calme, & rétabliffe entre vos penfées le bel ordre qui y doit eftre. Enfin en defi-
rant de devenir fçavante , vous de-
firez trouver une fituation naturelle , où vous eftant une fois placée,
vous puiffiez vous envifager vous
mefmes & tout ce qui vous environne , felon la dépendance & le rapport où la nature vous a mife.

Comme cette converfation avoit
commencé de bonne heure , & que

c'eſtoit durant les grands jours
d'Eſté, & que les quatres perſonnes
qui la formoient, s'eſtoient jointes
dans le deſſein de paſſer toute l'a-
preſdinée enſemble , Sophie invita
les trois autres à prendre le divertiſ-
ſement de la promenade dans ſon
jardin où ils deſcendirent , Staſimaque ayant preſenté la main à Sophie,
& Eulalie ayant pris celle de Timandre.

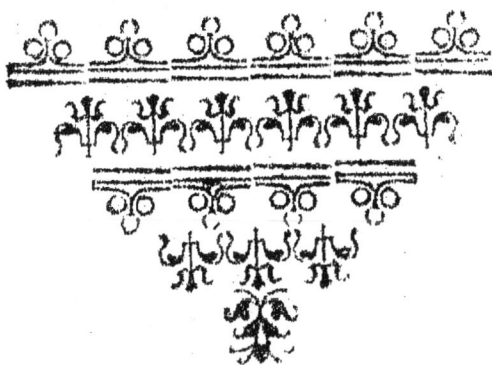

DE
L'EDUCATION
DES DAMES.

TROISIE'ME ENTRETIEN.

APRE's que Sophie & Stasimaque , Eulalie & Timandre se
furent promenez quelque temps ,
tantost tous ensemble , tantost deux
à deux , selon que le lieu & l'occasion les determinoient , la pluye qui
survint tout d'un coup , les obligea
de se retirer dans un pavillon qui est
à un coin du jardin.

Lorsqu'on se fut assis , Timandre
prenant la parole , & s'adressant à
Stasimaque , n'avois-je pas raison ,
luy-dit-il , de soutenir dernierement
que les sciences gastoient les belles,

& les rendoient pretieuses ou mé-
lancholiques. Vous l'avez vû vous
mefme, & j'ay bien pris garde que
Sophie vous a tiré trois ou quatre
fois, pour vous avertir de remarquer les réveries d'Eulalie dont elle
s'eftoit apperceuë. Si la feule envie
de devenir fçavante, & ce qu'elle
vous a oüy dire là-deffus, luy caufe
déja les interregnes d'efprit dont
j'ay efté le témoin durant toute la
promenade, je ne fçay pas ce qui luy
arrivera, quand elle fe fera entierement mife à l'étude.

Eulalie bien aife que Timandre
donnaft lieu par ce difcours, de re-
noüer la converfation qui n'avoit
efté interrompuë que pour ne la pas
fatiguer, par un trop long entretien
fur un fujet dont on n'a pas accoûtumé de parler aux Dames, luy repartit en fouriant; fi vous euffiez
efté avec Sophie, & moy avec Stafimaque, vous n'auriez pas lieu de
vous plaindre de luy ny de moy.

Je fuis fujette aux interregnes que

vous me reprochez , quand on ne
me dit que des chofes indifferentes,
aprés m'avoir parlé de chofes fe-
rieufes & importantes. Et ce qui
m'a rendu fi diftraitte à voftre égard,
c'eft que je ne pouvois m'empefcher de fonger à cette refolution
dont Stafimaque m'a demandé fi je
m'en fentois capable. Et j'ay efté
tentée plufieurs fois de l'interroger
en marchant , pour m'en éclaircir.

Vous me juftifiez fi obligeamment , reprit Stafimaque , que je ne
me puis difpenfer par reconnoiffance & par engagement de fatisfaire
voftre curiofité quand il vous plaira.

Je ferois ravie , repartit Eulalie,
que ce fût prefentement , pourveu
que Sophie & Timandre le vouluf-
fent auffi.

C'a efté mon deffein de nous re-
mettre fur cette matiere , repliqua
Timandre.

Pour ce qui eft de moy , dit Sophie , Stafimaque fçait bien que
rien ne me plaira davantage. Et je

ne croy pas qu'il ait oublié les apref-
dinées que nous avons paffées enfemble à nous entretenir fur les
chofes les plus curieufes.

Je m'en fouviens avec joye, repartit Stafimaque, & puifque vous
le voulez bien tous, & que la pluye
nous arrefte icy, vous avez reconnu, pourfuivit-il, en regardant Eulalie, que l'ignorance & la precipitation où nous naiffons, nous rendent fi fujets au prejugé & à l'erreur,
que nul homme ne fe peut garentir
dans fon bas âge d'admettre tous
ceux des perfonnes qui l'élevent.
Vous avez encore reconnu que vous
n'avez jamais rien examiné ; que
vous avez lieu de douter fi ceux qui
vous ont appris ce que vous croyiez
fçavoir, l'avoient bien examiné
eux-mefmes ; & vous avez vû que
quand mefmes ils fçauroient les chofes tres-parfaitement, c'eft à voftre
égard, comme s'ils les ignoroient
entierement, fi vous les ignorez
vous mefme. Ainfi vous devez

Pour ſça-
voir bien
les choſes,
il faut ſe
reſoudre à
les exami-
ner ſans
prevention.

vous reſoudre à examiner ſerieuſement ce que vous avez dans l'eſprit,
& à vous mettre pour y reüſſir,
dans le meſme eſtat que ſi on ne
vous en avoit jamais parlé, & que
vous n'y euſſiez point penſé du tout.

Vous pretendez donc, reprit Timandre, qu'il ſe faut reduire à un
doute general.

Vous appellerez cela comme il
vous plaira, répondit Staſimaque.
Mais il eſt conſtant que dans la diſpoſition d'eſprit où eſt Eulalie, elle
a raiſon de conſiderer toutes choſes, en general, comme elle conſi-
dere en particulier, celles où elle
craint de s'eſtre trompée, aprés les
avoir tenu pour tres-certaines. Et
je nomme ce doute, cette diſpoſition, un eſtat d'indifference & de
deſintereſſement, où nous ne pen-
chons pas plus vers un coſté que
vers l'autre, en ſuſpendant noſtre
jugement, juſques à connoiſſance
de cauſe.

Il me ſemble, dit Sophie, qu'une

personne seule qui sent en soy tant
de legereté & de pente à se tromper,
ne doit pas avoir plus de honte de
faire une revuë exacte de ses pensées,
qu'en ont des compagnies toutes entieres & tres-experimentées, d'examiner de nouveau les affaires où l'on
craint qu'il n'y ait eu de la surprise
& de l'erreur.

J'avouë, dit Timandre, qu'il y a
beaucoup de choses qui meritent
d'estre examinées. Mais qu'il faille
examiner tout, il faudroit supposer
pour cela qu'un homme se fust trompé en tout, ce qui n'est pas vray-
semblable.

Je veux qu'un homme ne se soit *Il faut tout*
pas trompé en tout, repartit Stasi- *examiner.*
maque, & que la pluspart de ses
sentimens soient raisonnables. Comment pourroit-il marquer ceux qui
le font & ceux qui ne le font pas, &
rendre raison des uns & des autres,
si l'on suppose qu'il les ait reçeus
sans discernement, & sans examen?
C'est pourquoy n'estant pas plus as-

furé de la verité que de l'erreur, leur ayant donné entrée dans fon efprit par la mefme voye, & fous les mefmes caracteres, tous les jugemens qu'il a portez doivent paſſer pour des prejugez à rejetter, & en cas qu'il ſe veüille mettre en eſtat de bien ſçavoir les choſes, il doit agir comme s'il s'eſtoit trompé en tout.

Comment on peut douter de l'exiſtence de ſoy-meſme, de celle de Dieu, &c.

Croyez-vous, demanda Eulalie, que l'on puiſſe & que l'on doive douter de tout, par exemple, ſi nous ſommes, ſi nous avons un corps, s'il y a un Soleil, s'il y a un Dieu, & ſi la Religion Chrétienne eſt veritable.

Voila beaucoup de difficultez tout à la fois, répondit Staſimaque, & de nature fort differente. Pour y vous répondre par ordre & avec lumiere, obſervez, je vous prie, qu'entre les connoiſſances que nous avons, les unes dépendent de nous, & que les autres dépendent du rapport d'autruy. Il y en a de faciles, d'autres malaiſées à acquerir, ce qui eſt

prés de nous eſtant plus aiſé à voir
que ce qui en eſt éloigné.

Il y a deux choſes à connoiſtre
dans chaque objet, l'exiſtence & la
nature, dont la premiere eſt plus
facile à connoiſtre que la ſeconde.
Ainſi tous les doutes que nous pouvons avoir ne ſont pas de meſme
force; Il y en doit avoir de plus foibles que d'autres : n'y ayant perſonne qui ne ſçache par ſa propre experience que dans les choſes meſmes
où nous n'avons pas d'intereſt, il y
a des incertitudes qui font plus de
peine, parce qu'il eſt plus difficile
d'en ſortir.

On peut encore diſtinguer deux
ſortes de doutes, les uns ſont de
phyſique & de pure ſpeculation ;
quand on recherche de quelle maniere les choſes ſont dans la nature,
& qu'il eſt indifferent pour noſtre
conduite & pour noſtre repos, de
quelle maniere elles y ſont ; comme
de ſçavoir ſi c'eſt la terre qui tourne
autour du Soleil, ou ſi c'eſt le So-

leil qui tourne autour de la terre.

Les autres sont de pratique & de morale, comme de sçavoir si nous pouvons tuer un assassin qui nous attaque.

Il y a encore des doutes utiles, comme d'examiner s'il faut mettre le bonheur dans les plaisirs. Et d'autres pernicieux qui iroient à nostre desavantage & à nostre ruine. Si nous voulions cesser, par exemple, de reconnoistre nos superieurs, jusques à ce que nous eussions fait tous les raisonnemens necessaires pour nous convaincre de la soumission leur est deuë.

Or c'est à la prudence, qui doit estre nostre guide dans les sciences comme dans les mœurs, à nous marquer les choses dont nous pouvons douter, de quelle maniere, & en quelles rencontres nous le pouvons faire.

Vous n'ignorez pas, poursuivit-il, que sçavoir les choses, c'est les connoistre avec assez de certitude & de lumiere

lumiere pour en pouvoir rendre raifon jufques à ce qu'on foit venu à une notion fi claire qu'il foit abfurde de la revoquer en doute.

Vous n'ignorez pas non plus que l'ordre eft neceffaire dans la recherche du vray, comme dans le refte des chofes du monde, & vous jugerez aifément que cét ordre qui eft fondé fur la dépendance de nos penfées, confifte particulierement à commencer par celles qui font les plus fimples, les plus claires & les plus certaines, afin de nous en fervir comme de degré pour monter à celles qui le font moins. Et eftant beaucoup plus aifé de nous affurer qu'une chofe eft, que de fçavoir ce qu'elle eft, ou de quelle façon elle eft, les premiers doutes que nous pouvons former & les plus faciles à lever font ceux qui regardent l'exiftence des chofes : & les raifons qui nous éclairciront de ces premiers doutes doivent eftre les premieres & les plus generales, & fervir ainfi de

fondement à toute la certitude que
nous pouvons esperer.

Cela supposé, je vous avouë que
si nous devons estre assurez de quelque chose , c'est de l'existance de
nous-mesmes. Et le doute que nous
en pourrions avoir , emportant avec
soy son éclaircissement , parce qu'é-
tant une action veritable qui ne peut
appartenir au neant , il semble qu'un
esprit attentif ne puisse serieusement
douter s'il existe : Neanmoins pour
estre en estat de rendre raison de nôtre propre existence , autrement que
ne feroit un ignorant , si quelqu'un
nous la demandoit , il faut nous faire
à nous mesmes les mesmes demandes que d'autres nous pourroient
faire , & conclure que nous existons,
parce que ce qui doute agit , & que
ce qui agit existe.

Outre que l'ordre de nos connoissances veut que nous formions ce
premier doute ; ce qui me convainc
encore de la necessité de le faire ,
c'est qu'il me paroist que de cét

éclaircissement dépend celuy de tous les autres doutes, à l'égard de l'existence des choses, & mesme de l'essence, estant fort inutile & souvent chimerique de parler des choses qui ne sont point.

L'esprit a plus lieu de douter s'il est uni à un corps, que s'il existe luy-mesme. Parce que regardant ce corps comme une chose separée de soy, & l'imagination luy ayant fait croire souvent par illusion qu'il possedoit des choses dont il estoit privé, & qui mesmes ne pouvoient estre du tout, il semble qu'il s'en puisse défier en cette rencontre, & douter si elle ne le joue point, en luy disant qu'il a un corps. Au moins faut-il nous en assurer avec raison, au lieu que les autres hommes ne le sçavent que par coûtume. Voicy comment je le fais.

Je concluois tout à l'heure, que j'existe, moy qui pense, parce que j'agis : y ayant une chose dont je ne me puis separer, qui me donne du plaisir & de la douleur, sans que j'y contribuë, & mesme tres-souvent malgré moy, il faut de necessité que cette chose que j'appelle mon corps, existe réellement.

Quand je vous ay fait la difficulté, reprit Eulalie, je ne prenois pas garde à l'ordre & à la liaison qui doit estre entre nos connoissance, ny à la nature & à la difference de nos doutes; & je ne faisois pas reflexion que ce doute ou cette indifference ne tend qu'à nous faire trouver des raisons claires de ce qu'autrement l'on ne connoit qu'avec confusion.

C'est en effet tout ce que je pretends, repartit Stasimaque, & permettez-moy encore, ajoûta-t-il, que je vous die pour un plus grand éclaircissement qu'il est d'autant plus necessaire de douter ainsi de l'existence de nostre corps, que ne connoissant les autres que par son entremise, la raison qui nous prouve qu'il existe, sert à prouver de mesme façon que les autres existent aussi. De sorte que comme nous concluons que nous avons un corps, parce que nous le sentons, nous concluons qu'il y en a d'autres autour de celuy-là, parce que nous les sentons, & qu'ils nous frappent par les impressions qu'ils font sur nous.

Je croy que j'entends bien cela, dit Eulalie. Venons à l'existence de Dieu. Peut-on en douter ?

On peut en douter, répondit Stasimaque, à la maniere des Theologiens qui en parlant de Dieu dans leurs traittez, demandent d'abord s'il y en a un, & aprés l'avoir prouvé, apportent plusieurs objections pour montrer qu'il n'y en a pas, & y répondent chacun selon ses principes. Au moins devons nous examiner les preuves que l'on apporte vulgairement de l'existence de Dieu, afin d'en connoistre le fort & le foible, & de choisir celles qui nous paroistront les plus solides, ou d'en chercher de meilleures.

K iij

Pour ce qui regarde la Religion Chrétienne , quoy qu'elle soit du nombre des choses dont je vous ay declaré que je ne parlois point icy ; je ne laisseray pas de vous dire que cette Religion ayant toutes les marques d'une Religion veritable , & le témoignage des hommes , par lequel nous la recevons estant uniforme, nous devons y demeurer sans aucun doute , puisque nous avons eu le bon-heur d'y avoir esté élevez.

Cela neanmoins ne nous oste pas la liberté de l'étudier avec methode, à l'exemple des Theologiens , de travailler à éclaircir les difficultez que nous pourrions avoir , & de chercher des regles & des principes pour discerner les opinions populaires d'avec les veritables sentimens de Jesus-Christ & de l'Eglise , afin de nous mettre en état de rendre raison des veritez que nous devons sçavoir.

Le bon sens nous doit encore faire reconnoistre qu'il seroit ridicule de

douter positivement si l'on doit
rendre à la nature & à la societé les
devoirs que l'on ne peut se dispenser
de leur rendre.

En effet, dit Timandre, la necessité de s'acquitter de ce que l'on
doit à ces deux Maistresses inexo-
rables, & le danger qu'il y auroit
d'y manquer, resolvent d'une maniere plus decisive que tous les raisonnemens du monde, les doutes
que nous pourrions avoir à cét é-
gard. A mon avis, ce que l'on doit
faire là dessus, selon vos principes,
c'est de chercher pourquoy l'on est
obligé de se soûmettre à leurs loix,
& quand on s'en peut dispenser.

En un mot, reprit Stasimaque,
presque tous nos doutes tendent à
examiner si nous devons penser sur
les choses, & agir en nostre particulier, à la façon de la plusspart des
hommes. C'est pourquoy cette sus-
pension d'esprit dont nous parlons
ne doit point estre suivie d'inaction,
ou si vous aimez mieux, d'une sus-

penſion generale des actions de la vie : Et elle ne doit point empeſ-cher que dans les occaſions de nous déterminer, nous ne nous conten-tions des motifs & des raiſons les plus ordinaires & les plus proba-bles, pour ne pas perdre à déliberer par une précaution à contre-temps, les momens favorables qui ſe pre-ſentent. Et la prudence veut qu'en attendant que nous ſoyons en état de prendre party aprés un examen judicieux, nous ſuivions les opinions les plus moderées, & les pratiques receuës parmy les plus ſages de ceux avec qui nous avons à vivre.

Pour faire ce que vous dites, re-prit Sophie, nous devons reſerver quelques ſentimens pour noſtre con-duite. Ce qui ne s'accorde pas, ce me ſemble, avec ce que vous avez tantoſt avancé qu'il faut ſe dépoüil-ler de tous les jugemens que l'on a portez ſans examen.

L'un n'empeſche pas l'autre, ré-pondit Staſimaque.... parce que
les

les jugemens que nous refervons,
ne regardent proprement que le
dehors de nos actions, & la neceffité de nous conformer aux autres ;
mais ils ne doivent point eftre le
fondement de noftre perfuafion.
Ainfi l'on n'y a aucun égard, lorfque l'on examine les chofes en fon
particulier. Nous nous difons bien
que c'eft la coutume de parler, d'a-
gir & de penfer d'une certaine façon, & qu'il la faut fuivre, mais
nous ne fommes pas pour cela perfuadez que cette coutume foit raifonnable, ne l'ayant pas examinée.

Enfin, luy dit Eulalie en fouriant,
il faut fe refoudre à renoncer à tout
le monde ; puifque vous le voulez.

Pardonnez-moy, repliqua Stafimaque, ce n'eft pas moy qui le veut,
c'eft la raifon. Si vous avez fujet
de vous défier des tromperies de
voftre propre imagination, comme
vous me l'avez avoüé ; vous n'avez
pas moins de lieu de vous défier de
celle des autres, puifque vous re-

L

connoiſſez qu'ils ſont capables d'erreur, & qu'ils vous en ont communiqué.

Il n'y a
nul incon-
venient à
renoncer à
tout pour
examiner
tout.

Mais , reprit Eulalie, n'y a-t-il point d'inconvenient à faire un renoncement ſi general.

Je n'en voy aucun , répondit Staſimaque. Et croyez que s'il vous eſt permis de le faire en quelque choſe, comme vous n'en doutez point , il vous doit eſtre permis en toutes : la raiſon qui vous y oblige en une , n'eſtant pas moins forte pour vous y obliger en quelqu'autre que ce ſoit. Car enfin n'ayant eu juſques à preſent que l'opinion des hommes pour appuy , où vous devez y demeurer ſoumiſe abſolument, où vous pouvez abſolument vous en diſtraire. Et vous ne devez rien apprehender dans une conduite ſi raiſonnable où vous avez pour but de vous munir une fois en vôtre vie contre la fauſſeté & l'erreur. Il y a beaucoup à gagner pour vous, & rien à perdre. Car ſi ce que vous

croyez fçavoir eſt autrement que
vous ne vous le repreſentez ; ne de-
vez-vous pas vous porter de vous-
meſme à travailler pour le ſçavoir
comme il faut : & s'il eſt en effet tel
que vous le croyez, ce ſera une ſatisfaction tres-grande de reconnoiſtre
que vous ne vous eſtes pas trompée ;
& un grand avantage de faire deſor-
mais par raiſon ce que vous n'avez
fait juſques icy que par hazard &
par coûtume.

Eulalie craint peuteſtre, dit Sophie à Staſimaque , de bleſſer la
charité en ſe défiant ainſi du monde.

Eulalie eſt trop ſpirituelle, répondit Staſimaque, pour avoir ce ſcrupule là. Elle ſçait bien que l'on ne
péche pas contre la charité, lorſque
l'on ne péche point contre la raiſon ,
& que ſi celle-cy nous ordonne de
nous défier du prochain, l'autre ne
nous le deffend pas. Autre choſe eſt
de regarder les hommes , comme
capables de ſe tromper eux-meſmes,
& de tromper les autres, ce qui eſt

On ne bleſſe point la charité, en ſe défiant des hommes.

L ij

une précaution raisonnable ; & autre chose de dire positivement que ce sont des trompeurs. En un mot, puisque la charité que nous nous devons à nous-mesmes veut que nous nous tenions sur nos gardes, celle que nous devons aux autres ne condamne point l'apprehension que nous pourrions avoir d'en estre surpris ; cette crainte ne nous dispensant point de leur rendre les respects ny les assistances qui leur sont duës.

De sorte que, dit Timandre, supposant la difference que vous mettez entre le fait & le droit, il faut abandonner absolument l'opinion.

Il le faut faire, tost ou tard, repartit Stasimaque. Et je suis persuadé que le fruit & le succez de nos études est attaché à cét abandonnement. Pour n'en avoir pas esté averti par mes Maistres, il m'a fallu recommencer tout de nouveau, à l'exemple de plusieurs habiles gens que je connois, qui m'ont avoüé plusieurs fois que la reserve d'un simple préjugé les avoit retardez long-temps dans le chemin de la verité, parce que le pli que prend nostre ame pour se soumettre à l'opinion, forme une espece de ressort qui revient insensiblement, quand la destruction n'en est pas entiere.

Vous seriez donc, dit Sophie, dans la pensée de ceux qui croyent qu'il y a entre nos erreurs & nos préjugez une liaison presque pareille à celle qu'il y a entre nos connoissances claires & distinctes.

C'est mon sentiment, répondit Stasimaque ; Et j'ay remarqué que quantité de gens qui sont défaits de prévention sur beaucoup de choses, ne le sont qu'à demi sur ces choses là, pour ne l'estre point dans les autres. Et que cette reserve de préjugez est la cause la plus ordinaire, pourquoy ceux d'une mesme secte sont quelquefois aussi divisez, que s'ils estoient effectivement dans des opinions toutes contraires. C'est

L iij

pourquoy on peut comparer la prévention & l'erreur à un levain qui
corrompt toute la maſſe où il ſe mé-
le. Et pour recevoir dignement la
verité dans cette belle ame que le
Ciel vous a donnée, ajoûta-t-il en
s'adreſſant à Eulalie, imitez les perſonnes ſages, qui voulant mettre
dans un riche vaſe quelque precieu-
ſe liqueur, & l'y conſerver entiere,
ont ſoin de le bien nettoyer auparavant, depeur que ce qui demeureroit de ſale en un endroit, ne fiſt
aigrir tout le reſte.

Ce n'eſt pas là neanmoins le ſeul
intereſt qui vous doit porter à ſuivre
le conſeil que je vous donne: Il y
en a encore un autre plus preſſant
qui vous oblige à vous délivrer de
la tyrannie de l'opinion. Je vous
avertis que vous n'avez ny bon-
heur ny repos à eſperer dans la vie,
pendant que vous vous opiniâtrerez
à demeurer ſous un ſi rigoureux
empire. Plus vous vous y arrête-
rez, & plus vous ſerez expoſée aux

Quelle eſt la tyrannie de l'opi- nion.

incertitudes , aux troubles & aux agitations que vous avez déja ressenties. Vous serez continuellement agitée par ce torrent bizarre de sentimens qui se forme & se grossit sans cesse par la diversité des temperemmens , des inclinations , des habitudes , de l'âge , du sexe , & des conditions , & qui se répend & s'entretient par le moyen du commerce de paroles , d'actions & d'affaires où la societé nous engage : Et il vous faudra languir miserablement toute vostre vie , dans un esclavage plus pitoyable & plus rude , que celuy que les captifs les plus malheureux souffrent à Tunis & à Bizerte.

Un Esclave de Tunis n'est esclave que de corps , & n'a qu'un Patron auquel il est obligé d'obeïr ; Et un homme qui est esclave de la coutume est esclave d'esprit , & a autant de Directeurs & de Tyrans qu'il y a de gens dont il veut suivre l'exemple. L'un a reçu ses chaînes

Quelle est la tyrannie de l'opinion.

par le droit de Conqueſte & par la loy du plus fort ; l'autre s'en charge luy-meſme & ſe ſoumet volontairement à la plus foible & la plus baſſe populace. Le premier tâche de rompre ſes fers & de s'échapper : le ſecond ne travaille qu'à les ſerrer davantage , & à y demeurer plus fortement attaché. Un Eſclave d'Alger en ſatisfaiſant au dehors à la volonté de celuy dont il dépend , peut au moins conſerver au dedans une liberté entiere , plaindre ſon malheur, accuſer la cruauté de ſon maiſtre , & mediter ſa retraitte. Mais une perſonne qui eſt eſclave de l'opinion, l'eſt au dedans comme au dehors ; elle ſe tient heureuſe dans la ſervitude où elle eſt , pendant qu'elle en ſouffre les miſeres ; elle adore la main qui l'accable , elle ſe fait vertu d'en publier l'innocence & d'en ſoutenir la juſtice ; & craindroit meſmes de faire un crime d'avoir ſeulement la penſée de ſe mettre en liberté. Et pour com-

ble d'aveuglement & de malheur,
elle se tourmente en secret comme
en public ; non seulement elle s'emporte avec fureur contre ceux qui
ne sont pas aveuglez comme elle ;
elle a encore la cruauté & la folie
d'accuser & de déchirer ceux qui
estans dans la mesme captivité font
mine de vouloir s'en délivrer.

Vous ne prenez pas garde à une
chose, dit Timandre, qui est qu'en
renonçant ainsi au monde, il faut
entrer dans une solitude épouven-
table ; & si l'on se défie des gens,
il faut se resoudre à marcher seul,
& à rechercher la verité comme s'il
n'y avoit que nous au monde, &
que nous ne dussions jamais en parler à qui que ce soit. Or cela doit
faire beaucoup de peine ; car on a
toûjours sujet de se défier de ses
forces, & de craindre de se tromper
davantage quand on s'abandonne
tant à sa raison.

Terreur panique, reprit Stasimaque. C'est craindre les esprits en

plein jour. Vous entaffez plufieurs préjugez dont vous vous forgez un monftre qui vous épouvante. N'eft-il pas vray que fi l'on vous avoit élevé dans un defert où vous n'euffiez jamais vû que dix ou vingt perfonnes ; vous n'auriez point de peine à abandonner leurs fentimens. De forte que la repugnance que nous avons prefentement ne vient, que de ce que nous avons été nourris parmy quantité de gens qui foûtiennent une opinion, & que l'on nous a dit qu'elle eft encore foutenuë par quantité d'autres que nous ne connoiffons pas. Qui nous affurera que tous ceux qui témoignent au dehors eftre d'un fentiment, en font perfuadez au dedans, & que ce n'eft point par intereft & par politique, qu'ils deffendent ce qu'ils ont embraffé d'abord par caprice & par préjugé ? Dans tous les fiecles il y a eu de grands hommes qui fe font mocquez des fantaifies populaires. Il y en a eu beau-

coup d'autres qui n'ont point paru ;
quoy qu'ils n'en fuſſent pas moins
détrompez. Combien voit-on de
gens conſommez dans l'étude des
opinions qui reconnoiſſent enfin
que le monde eſt plein de folie ; &
que c'en eſt une étrange que de s'a-
heurter à ce qui ſe dit communément ? C'eſt aſſez d'en trouver un
détrompé, pour avoir lieu de croire
qu'il y en a pluſieurs autres qui le
ſont auſſi. Comme il n'y a que le
nombre des perſonnes qui vous
arréte, ſouvenez-vous que dix millions d'hommes reçoivent & apprennent les choſes comme dix : Et
que les uns ne ſont pas plus à craindre que les autres quand il s'agit de
penſées. Ceux qui nous parlent ne
doivent eſtre conſiderez que comme
des cloches établies pour nous avertir de quelque choſe, & dont le
grand nombre ne fait qu'étourdir.
Qu'une perſonne nous vienne é-
veiller le matin pour nous dire qu'il
fait jour, c'eſt tout autant que ſi

une nombreuse armée faisoit une
salve pour cela.

Aprés ce que nous avons dit tantost des compagnies nombreuses qui
examineroient les choses, dit Sophie, il me semble qu'on pourroit
s'en rapporter moins à elles qu'à un
homme seul, attentif, de préoccupé,
& qui sçait bien l'art de penser. Il
est plus en estat de considerer les
choses : Il n'est distrait de personne
ny éblouï par les passions que la
presence du monde excite : Et s'il
consulte sincerement la nature, je
ne doute point qu'elle ne luy réponde nettement : au lieu qu'il seroit
en danger d'en confondre la voix
avec celle des hommes, s'il tour-
noit la teste de leur costé pour entendre ce qu'ils disent sur les objets
qu'il considere.

Ce que vous representez me paroist tres-judicieux, reprit Stasimaque. Il est, à mon sens, d'un homme qui s'applique de la maniere que
vous le dites, comme d'un étranger

fage & curieux qui prend langue dans tous les païs par où il paffe, & qui s'eftant informé de ce qu'il y a de rare, fe tranfporte fur les lieux, pour voir luy-mefme, fi ce qu'on luy en a dit eft vray. Au lieu que ceux qui ne fongent qu'à fe conformer aux autres, font femblables à ces perfonnes qui fe contentent de relations, s'en rapportant à la bonne foy de ceux qui les ont écrites.

Je ne comprend pas, ajoûta-t-il, en parlant à Timandre, pourquoy vous voulez que nous nous défions plus de voftre raifon que de celle des autres, comme fi nous ne pouvions pas eftre plus affurez du bon ufage que nous faifons de la noftre que de celuy que les autres hommes font de la leur. A quoy fervira le pouvoir que nous avons de difcerner le vray d'avec le faux, & le bien d'avec le mal, fi nous ne l'employons pas ? Puifque chaque homme a fa raifon & fes lumieres, il

Nous devons fuivre noftre raifon.

doit s'en fervir pour fe conduire au
dedans independemment d'autruy,
quand il eft en âge de difcernement.
Comme nous n'avons plus befoin
de nourrices ny de lifiere pour eftre
foutenus, lorfque nous avons les
jambes affez fortes pour marcher
feuls, l'affiftance & l'authorité des
hommes doivent ceffer de nous eftre
neceffaires, quand nous fommes capables de nous appliquer de nous
mefmes.

Comment concevez-vous que les
Difciples pourroient eftre inftruis
de leurs maiftres, les égaler & les
furpaffer, comme il arrive tous les
jours dans les arts méchaniques, &
qu'il devroit arriver de mefme dans
les fciences, fi nous n'eftions pas
fottement prévenus de l'authorité
des grands hommes, à moins que
de reconnoiftre en mefme temps,
que nous devons nous fervir de nôtre raifon, pour eftre en eftat de juger de ce qu'on nous enfeigne, pour
en découvrir les erreurs, pour nous
en garentir, pour les corriger, &

er fin pour perfectionner les chofes
en ajoûtant nos inventions à celles
qui nous ont efté laiffées.

C'eft encore fur cét ufage de la
raifon & de nos propres lumieres
qu'eft fondée toute la conduite de la
vie , quoyque nous ne nous en ap-
percevions pas , tant le prejugé nous
aveugle. Chacun ne prétend-il pas
avoir la raifon de fon cofté ? Chacun
n'a-t-il pas fes voyes & fes addreffes
particulieres pour arriver à fes fins ?
Et ceux qui gouvernent les autres
ont-ils tous la mefme politique ?
Que l'on nous demande en mille
rencontres pourquoy nous faifons
une chofe plûtoft qu'une autre , de
cette maniere , & non pas de celle-
là ; n'avons nous pas droit de répondre , ou que nous n'en devons rendre compte à perfonne , ou que nous
jugeons à propos d'en ufer ainfi ? Et
foit que nous voulions juftifier nôtre conduite , ou regler celle des autres par nos confeils , nous alleguons
ordinairement nos experiences &

nos raifons : foit que vous confen-
tiez ou que vous refiftiez dans vous-
mefme à ce que je vous dis , vous
vous fervez de voftre raifon & de
vos lumieres , & non pas de celles
d'autruy. Car pour juger que j'ay
tort ou non en vous parlant de la
forte , il faut que vous compariez
enfemble mes raifons avec celles que
je combats , & que me mettant d'un
cofté , & de l'autre , les partifans de
l'opinion ; vous vous conftituiez juge entre nous , & que pour voir où
vous devez vous ranger , vous vous
éleviez également au deffus des uns
& des autres.

Il me femble, interrompit Sophie,
que tous les hommes en ufent ainfi
communément , dans les affaires
publiques ou particulieres , foit
qu'ils choififfent un genre de vie , un
eftat , une coutume , un fentiment ,
une Religion , ou bien ils agiffent
comme des beftes & des fous.

Cette maniere d'agir , par raifon,
reprit Stafimaque , eft la regle que
nous

nous devons fuivre en toutes chofes,
& que Dieu mefme veut que nous
gardions à fon égard.

Comme c'eft luy qui nous a rendus capables de difcernement , il
veut que nous nous en fervions , &
que nous jugions des chofes felon
la verité & felon la juftice. Et il ne
faut pas efperer de luy reffembler
jamais en perfection, en fainteté &
en lumiere, qu'autant que nous nous
rendrons independans à fon exemple dans nos jugemens , & que fans
avoir égard ny au nombre ny à la
qualité des perfonnes , nous penfe-
rons fainement & fans prevention.
Et pour nous montrer qu'il ne prétend pas que nous nous crevions les
yeux qu'il nous a donnez , ny nous
obliger à luy obeïr comme des aveugles , fouvenez-vous qu'il prend fouvent les noms de verité , de fplendeur & de Soleil, pour nous faire
comprendre, & qu'il éclaire nos efprits par la lumiere de la verité qu'il
y répend , comme le Soleil éclaire les

M

yeux du corps par fa fplendeur, &
que la verité, la bonté & la juftice
paroiffent auffi manifeftement dans
la conduitte qu'il tient fur nous, que
le Soleil & la lumiere font vifibles
en plein jour.

Je n'ay jamais eu d'autres penfées
à cét égard, dit Sophie, toutes les
fois que j'ay regardé fans prevention
les motifs & les confiderations que
Dieu propofe aux hommes dans l'E-
criture, pour les porter par une douceur digne de fa Majefté divine, à
vivre de la maniere qu'il leur pref-
crit. Tantoft il leur reprefente que
tout l'univers luy appartient, qu'il
n'a nul befoin des chofes qu'il leur
a données, & que dans les loix qu'il
leur impofe, il n'a en veuë que leur
avantage ; Et tantoft pour les fortifier dans une obeïffance qui leur eft
fi utile, il leur dit qu'il eft leur Dieu,
leur fouverain & leur pere, tout fage, tout puiffant & tout bon. S'il
demandoit de nous une obeïffance
aveugle, nous donneroit-il des rai-

fons fi engageantes à noftre devoir ?
Ne trancheroit-il pas de fouverain ?
Et s'il vouloit que noftre raifon s'a-
neantift à fes yeux, ne nous com-
manderoit-il pas de fcience certaine,
de pleine puiffance & d'autorité
divine ?

Ce que vous dites, reprit Timandre, me fait faire une reflexion. C'eft
que Dieu met en compromis, pour
ainfi parler, fa propre gloire avec
celle des idoles, & fes veritez avec
les erreurs des faux Prophetes, en
nous marquant les caracteres qui
doivent fervir à les reconnoiftre, ce
qui me convainc abfolument qu'il
fuppofe en chacun de nous affez de
force & de lumiere pour ne nous pas
laiffer tromper.

Quoy que vous en penfiez, dit
Eulalie à Timandre, je croy qu'il eft
meilleur d'examiner les chofes plufieurs enfemble, que d'eftre feul : la
converfation ouvre l'efprit : l'un regarde les fujets d'un cofté, l'autre
les confidere de l'autre, & chacun

M ij

proposant ainsi ce qu'il sçait, comme vous venez de faire, on profite des reflexions les uns des autres : Et l'on se donne occasion reciproquement de remarquer des veritez importantes qu'on laisseroit passer sans reflexion dans son cabinet. Tout ce que vous me venez de dire, continua-t-elle, me fait souvenir que l'Ecriture semble n'avoir esté faite que pour accuser les pecheurs d'avoir abandonné la vertu pour suivre le vice. Or si nous n'estions pas indispensablement obligez de nous servir de nos propres lumieres pour reconnoistre l'un & l'autre, les reproches & les menaces que l'on nous fait ne seroient pas raisonnables. Car nous n'aurions qu'à répondre en suivant le vice, que nous suivons la coutume & l'exemple le plus general.

N'auroit-on pas lieu de dire que quand Jesus-Christ pour authoriser sa mission & sa doctrine, operoit des miracles en presence du peuple, il établissoit chacun des spectateurs

pour juge de fon different entre luy
& la Synagogue ? C'eftoit quafi leur
dire, voyez lequel de moy ou des
Docteurs de la loy enfeigne le chemin que vous devez fuivre. Et ce di-
vin Maiftre voyant que les Juifs
eftoient fi efclaves de la coutume,
& fi opiniaftrement attachez aux
prejugez publics, que ny la pureté
de fa doctrine ny la force des fes miracles ne les en pouvoient defunir,
leur reproche de ne pas ufer du dif- *Luc. 12.*
cernement qu'ils avoient en eux-
mefmes pour diftinguer le vray d'a-
vec le faux.

La remarque que vous faites eft
tres-jufte, dit Stafimaque à Eulalie.
Mais prenez garde, je vous prie,
que quand je prétends qu'il faut
marcher feul dans le chemin de la
verité qui eft auffi étroit que celuy
de la vertu, je pretends feulement
qu'il la faut regarder comme feul,
foit que l'on foit feul en effet à la
confiderer, ou que l'on foit en compagnie. Et lorfque je parle des com-

pagnies, j'entends celles qui font nombreuſes, où la paſſion fait toûjours ſon jeu. Car je ne bannis point les conferences, ny les diſputes; mais il faut que ce ſoit entre trois ou quatre perſonnes, qui aiment la verité toute nuë, qui la recherchent avec ſincerité, & ſans ſcrupule, qui y appliquent leur eſprit, & ſoient bien aiſes de la recevoir les uns des autres, ſans aucune acceptation. Il eſt certain que nous entretenant de la ſorte, nous irions bien plus viſte & plus loin, que ſi nous allions ſeuls. J'avouë que j'ay lû pluſieurs fois l'Ecriture, mais je n'y avois point fait les reflexions que nous venons de faire. Et le prejugé m'avoit tellement ébloüi, que ſi Eulalie n'eût dit le mot de prejugez publics, je n'aurois pas encore obſervé avec fruit que l'Ecriture eſt ſi ennemie de la prevention & de la creduli-

Eccleſ. 19. té, qu'elle taxe d'inconſtance & de legereté, ceux qui ſont ſi faciles à donner leur conſentement aux premieres opinions qu'on leur propose, sans prendre la peine de les examiner auparavant. Et ç'a esté dans le meme esprit que les Apostres ont exhorté les fidels à bien discerner les hommes, de peur de se laisser seduire & emporter temerairement au vent de toutes sortes d'opinions; & à se mettre en estat de rendre raison de la Religion qu'ils professent. Car comment pourroit-on convaincre un Idolatre ou un Mahometan de la fausseté de leur Religion & de la verité de la nostre, si on ne raisonne avec eux, pour leur faire voir que l'une est contraire à la raison & que l'autre y est conforme. Il faut donc que l'Idolatre ait en luy une souveraine raison, laquelle estant éveillée par les avertissemens d'un Chrétien, se mette pour ainsi dire au milieu des deux Religions, & decide laquelle des deux merite mieux d'estre embrassée.

Toutes ces veritez estant visibles & incontestables, qu'entent-on,

1. *Iean.* 4.

1. p. 3.

demanda Eulalie, quand on dit que la raison est aveugle.

En quel sens on doit dire que la raison est aveugle.

Quoy que je ne sois pas garant, de ce que disent les autres, répondit Stasimaque, & que je ne rende raison que de mes propres sentimens ; Je vous diray neanmoins que je croy celuy-cy vray en plusieurs sens : 1. parce que l'ordinaire du monde se laissant conduire comme des aveugles, sans user de leur raison, on peut dire effectivement que leur raison est aveugle. 2. La plûpart des gens n'ayant pas le loisir ny le moyen de cultiver leur raison, sont obligez en plusieurs rencontres de se laisser mener par la main. 3. Enfin la raison est aveugle dans tous les hommes, qui la laissent obscurcir par la prevention, par l'errreur & par les passions. Mais elle ne l'est pas de telle sorte qu'il ne luy reste du jour par où elle puisse estre frappée de l'éclat de la verité : & lorsqu'on la sçait bien prendre & la cultiver par une étude serieuse,

son

son aveuglement se dissipe, & elle se rétablit dans un estat de clarté & de lumiere où vous estes déja bien avancée.

Je concluerois de vostre discours, repartit Eulalie, que pour avancer encore davantage, & pour aller jusques au bout, il faut que je sois persuadée que j'ay assez de raison & d'esprit pour cela, & que je me le dise à moy-mesme.

Il le faut bien, répondit Stasimaque, & cela doit estre fait il y a long-temps.

Mais n'y a-t-il point de danger à se le dire, Demanda Eulalie, & ne seroit-ce point une presomption criminelle ?

Si cela n'estoit pas, repliqua Stasimaque, & que vous ne sentissiez en vous mesmes ny esprit ny raison, il ne faudroit pas vous le dire. Quand vous estes devant vostre miroir & qu'il vous dit ingenument que vous estes belle & bien faitte, luy dites vous que cela n'est pas ?

Il faut estre persuadé que l'on a assez de raison pour se conduire.

N

Le moyen de le dire quand cela est ? Repartit Eulalie.

Puisque Dieu vous a aussi donné de la raison & de l'esprit, reprit Stasimaque, & qu'il veut que vous en usiez, que c'est de ces talens qu'il faudra principalement luy tenir compte, & de ces biens sur tout que nous sommes obligez de luy rendre des actions de graces, il faut qu'il nous soit permis de nous dire à nous mesmes que nous les avons.

En effet, dit Sophie, comment pourrions nous en faire un usage legitime, & les rapporter à Dieu comme à leur Autheur & à leur source, si nous ne les reconnoissions pas en nous ? Il me semble, ajoûta cette sage personne, que les qualitez de l'esprit ne sont pas moins sensibles ny moins estimables que celles du corps ; & que s'il est permis de reconnoistre que l'on a de la force, de la santé, de la beauté & des amis, il n'est pas deffendu de croire que l'on a de la raison & du bon sens.

Vous avez, interrompit Timandre, trop d'intereſt dans ce ſentiment là, pour ne vous pas declarer en ſa faveur.

Vous ſeriez ennemy de vous meſme, luy repartit Sophie, ſi vous n'en eſtiez pas auſſi. Mais enfin, ajoûtat-elle, je croy que nous n'avons de la preſomption & de l'orgueil, que quand nous nous attribuons avec vanité des avantages qui nous manquent, ou que nous prenons ſujet de ceux que nous avons, de nous élever avec mépris au deſſus de nos ſemblables. Il n'y a rien, à mon avis, de plus pernicieux qu'une fauſſe humilité; elle abaſtardit l'eſprit; elle oſte le courage & les forces, elle éteint toute noſtre ardeur, & nous retenant dans une langueur & une nonchalance indigne, elle nous rend incapables de toute ſorte de deſſeins, & n'eſt bonne qu'à diſpoſer les gens à recevoir par une ſoumiſſion aveugle ce qu'on veut leur inſpirer, & à ſe laiſſer manier ſans reſiſtance. N ij

Voilà , dit Timandre , de tres-belles difpofitions pour découvrir la verité , de ne vouloir rien admettre que de vray , de renoncer à tous les jugemens que l'on a portez fans examen & fur le rapport d'autruy , travailler comme fi l'on eftoit feul , dans la perfuafion d'avoir de l'efprit & de la raifon , & dans le deffein de les cultiver & de les fuivre pour fa conduite.

Je voudrois bien fçavoir , dit Eulalie, ce que c'eft que la Verité dont nous avons tant parlé , & qui eft le fujet de noftre entretien , & le but du travail que j'ay envie d'entreprendre.

Si nous n'en avons encore rien dit précifement , repartit Stafimaque , c'eft fans doute que cela n'eftoit pas neceffaire. Voicy juftement l'endroit d'en parler.

Ce que vous nous en apprendrez , dit Sophie , contribuera peuteftre à éclaircir les doutes qui pourroient refter fur tout ce que nous venons de dire.

Pour se former une idée claire de la Verité, reprit Stasimaque, il faut sçavoir que l'on peut considerer selon deux estats, les choses que l'on veut connoistre : le premier est celuy qu'elles ont dans la nature & hors de nostre esprit ; & le second c'est celuy qu'elles peuvent avoir dans l'imagination des hommes qui les regardent. Lorsque ne les ayant pas considerées de la premiere façon, nous entendons ce qu'en disent les autres, nous n'apprenons que ce qui concerne le second estat, & nous ne sçavons encore autre chose, sinon qu'il y a des hommes qui en jugent de telle maniere : mais nous n'apprenons pas qu'elles soient de la maniere qu'ils en jugent. Et il est manifeste que nous ne sommes encore à l'égard de ces choses que comme des gens qui sçavent par relation ce qu'il y a dans un païs où ils n'ont point esté ; Et que ce seroit se tromper que de prendre l'estat que les choses ont dans la teste des

hommes pour celuy qu'elles ont
dans la nature, parce que l'un ne
nous donne pas toûjours l'idée de
l'autre. Ainfi le vulgaire qui les confond en fe repofant fur l'opinion,
n'eft proprement qu'un écho qui
renvoye confufément les voix qu'il
a receuës; & ceux qui dominent ainfi
fur les efprits, par la creance qu'on
leur donne, peuvent dire qu'ils ont
autant de bouches & d'organes
qu'il y en a qui repetent les fentimens qu'ils répendent; & que ceux
qui leur font foumis de cette forte,
ne different des oifeaux qui parlent,
qu'en ce qu'ils apprennent plus aifément les paroles qu'on leur enfeigne, & que ces paroles les font
agir en plufieurs manieres differentes.

L'autre façon de confiderer les
chofes, & qui eft celle des gens
d'efprit, c'eft lorfque fans avoir aucun égard aux imaginations des
hommes, nous tournons les yeux
vers ces chofes, & que nous confül-

tons les Images qui les repréfentent
à noftre efprit. Et lorfqu'aprés un
renouvellement general & un dé-
poüillement entier, nous nous y
appliquons ferieufement, fincerement & avec regle, l'idée que nous
en avons eft l'idée veritable que
nous en pouvons avoir. Ainfi la
verité eft proprement la conformité
de nos penfées avec leurs objets, &
c'eft celle que l'on recherche dans
les fciences : Et cette conformité
confifte à connoiftre les chofes de
la maniere qu'elles font. De forte
que la verité eftant oppofée au préjugé & à l'erreur, qui produifent
neceffairement l'obfcurité & la confufion, elle doit avoir des qualitez
toutes contraires, qui font la diftinction & l'évidence : & lorfqu'on a
refolu de ne rien admettre que de
vray, on ne doit admettre en cette
qualité que ce qui en a les caracteres
effentiels ; n'y ayant que le fentiment vif & clair, & la penetration
interieure & lumineufe qui puiffe

estre le motif de nostre persuasion & l'appuy de nostre consentement. C'est pourquoy les discours des hommes qui ne portent point d'idée dans l'esprit de ceux qui les écoutent avec attention, doivent estre considerez comme des sons purs & inutiles.

Ce que je trouve de fâcheux, dit Timandre, dans l'étude de la verité, c'est qu'il ne dépend pas de nous de la découvrir ; autrement tous les hommes la connoistroient, n'y en ayant gueres qui ne l'aiment. Quoy que nous l'aimions, nous sçavons rarement ce que c'est : Quand nous y pensons, & que nous avons envie de la trouver, il dépend de nous de nous mettre à en chercher le chemin, mais il n'en dépend point de le trouver. Il faut que le hazard s'en mêle. Lorsque l'ayant rencontré, nous voulons y entrer, il est en nôtre pouvoir de nous appliquer à un objet ou à l'autre, de nous y arréter autant & si peu de temps qu'il nous

Ce qui dépend de nous dans la recherche de la verité.

plaift ; mais il n'eft pas en noftre liberté de les voir d'une façon plûtoft
que d'une autre. Et quand nous n'a-
vons aucun fujet de doute , noftre
efprit fe porte par une pente naturelle à juger des chofes fuivant les
idées qui fe prefentent.

Ainfi quand nous regardons le
foleil , c'eft une neceffité qu'il nous
paroiffe lumineux & de figure ron-
de , & que nous jugions qu'il eft de
la forte , fi nous n'avons point de
raifon qui nous oblige a fufpendre
noftre jugement.

Si cela eft , dit Eulalie , nous n'aurons aucune certitude dans nos connoiffances , parce qu'il ne dépend
pas de nous de les rendre auffi par-
faites qu'elles le peuvent eftre.

Pardonnez-moy , reprit Stafimaque. Nous pouvons foûtenir que
nos connoiffances font certaines ,
& que nous fçavons bien les chofes ,
quand nous les avons étudiées , parce que nous les fçavons avec toute
la certitude que nous avons pû ac-

querir, & que l'état de noftre nature le peut fouffrir. Nous devons
demeurer fermes dans les fentimens
où nous fommes entrez, aprés un
examen raifonnable. Mais il ne faut
pas que cette fermeté foit opiniâtre,
comme celle du peuple & des faux
fçavans qui s'enteftent fi fort de
ce qu'ils croyent fçavoir, qu'ils
tiennent pour abfolument faux tout
ce qu'on leur pourroit oppofer, &
ne veulent plus rien écouter que ce
qui les favorife.

Qu'il faut toujours eftre preft à changer de fentiment avec raifon.

Il me femble, dit Sophie, que
comme ce n'eft pas la volonté, mais
la raifon qui doit attacher noftre efprit à un fentiment, l'efprit doit
eftre toujours preft de s'en détacher, quand la raifon l'y obligera.

Il femble au contraire, reprit
Eulalie, que cette difpofition à paffer d'un fentiment à l'autre eft une
marque de legereté & d'incon-
ftance.

Je ne le croy pas, repliqua Sophie.
C'eft eftre leger que de changer le-

gerement & fans raifon ; & c'eft
eftre fage que de changer lorfque
l'on en a fujet. Ne changeons nous
pas tous les jours de deffeins & de
conduite felon l'occafion & l'experience ? La conftance ne confifte
pas à demeurer ferme & inébranla-
ble dans un mefme fentiment ny
dans une mefme refolution ; mais à
demeurer ferme dans la refolution
de ne rien faire que de bien, & de
ne rien admettre que de vray. Et
bien loin que le paffage d'un fentiment à l'autre, pourvû qu'il fe faffe
avec raifon, nous foit defavantageux, qu'au contraire, il nous doit
eftre tres-utile, puifqu'il nous met
dans le chemin où nous devons
eftre.

Si donc nous aimons fincerement
la verité, nous ne devons pas craindre le changement qui nous la fera
rencontrer.

C'eft ma penfée, dit Stafimaque.
Puifqu'en quelque âge & en quelque état que nous nous trouvions,

nous demeurons toûjours sujets à l'erreur ; je suis persuadé que nous devons aussi nous défier toûjours de nous estre trompez ; sans neanmoins que cette défiance nous doive donner de l'incertitude , de l'irresolution, ny du trouble. Comme ce défaut est commun à tous les hommes , que nous tombons tous dans l'erreur pendant l'enfance ; que la plusparc y demeurent durant le reste de la vie , & qu'il y en a si peu qui travaillent utilement à en sortir,

Ce que c'est que la vraye sagesse. on peut dire que la veritable sagesse ne consiste pas tant à ne se point tromper , qu'à faire ce que l'on peut pour ne l'estre point : de mesme que la vraye prudence consiste plus à se tenir sur ses gardes , qu'à éviter les malheurs qui nous peuvent arriver. Comme donc dans la pratique , où le succez des affaires ne dépend pas absolument de ceux qui les entreprennent, on doit estre satisfait & agir avec une entiere assurance , quand on a pris toutes

les mesures necessaires, autant que
l'occasion, l'experience & le pouvoir que l'on a le permettent : On
doit aussi dans la speculation se tenir ferme & assuré d'avoir trouvé
la verité lorsque l'on a fait tout ce
que l'on a pû pour la découvrir.

Je voudrois, reprit Sophie, pour
l'honneur & pour le repos de tout
le monde, & sur tout de ceux qui
prennent la qualité de sçavant qu'ils
fussent tous dans la persuasion où
vous estes. Ils verroient que s'il
nous arrive de tomber dans des sentimens opposez aux leurs, nous n'en
sommes pas blâmables ; & au lieu
de s'emporter avec fureur contre
leurs adversaires, & de les contraindre avec tyrannie d'embrasser leurs
opinions, ils leur laisseroient la liberté de penser, & se contente-
roient au plus de leur representer
avec douceur qu'ils croyent qu'ils
se sont trompez.

Pour bien juger, reprit Stasimaque, de quelle maniere on en doit

Il y a deux sortes de verité.

uſer dans les rencontres où l'on n'eſt pas d'accord avec le plus grand nombre, & pour ſe mettre en état d'éviter les conteſtations, il eſt important de prendre garde à deux choſes, l'une qu'encore que nous ne ſoyons pas tout à fait les maiſtres de nos penſées, nous le ſommes neanmoins de nos diſcours & de nos actions ; & la ſeconde, que la coutume établit ſouvent les choſes de telle façon qu'elles ne ſe font pas toûjours, comme nous voyons qu'elles ſe devroient faire, & que nous voudrions qu'elles ſe fiſſent.

Il y a deux ſortes de verité. C'eſt pourquoy on peut diſtinguer deux ſortes de veritez, l'une phyſique & interieure ou de nature, l'autre exterieure & morale ou de ſocieté.

La premiere eſt la connoiſſance que nous pouvons acquerir par le moyen de la Philoſophie, de l'état veritable des choſes, & de la maniere dont elles ſe devroient faire ſuivant cét état, ſans avoir égard

ny à l'opinion ny à l'uſage : Et la
ſeconde, c'eſt loiſque l'on ſçait au
vray la maniere dont les choſes ſe
font & ſe diſent dans le païs, dans
la ſocieté où l'on ſe trouve.

La verité phyſique regarde les
particuliers qui la recherchent par
étude, & la verité morale concerne
le public & le Commerce des hommes entre eux. L'une s'appelle interieure, parce que elle regarde nos
ſentimens & nos penſées que nous
pouvons reſerver au dedans ſans les
manifeſter à perſonne ; & l'autre ſe
nomme exterieure, parce qu'elle n'a
pour objet que le dehors de nos
actions.

Ces deux ſortes de veritez ſont
tres-differentes, mais elles ne ſont
point oppoſées. Car encore qu'il
ſoit vray qu'on duſt agir & parler
d'une certaine façon, il n'eſt pas
faux pour cela que l'on doive agir
& parler conformément à la maniere établie par la coûtume.

*Il faut par-
ler & agir
comme le
vulgaire,
quand on
agit en pu-
blic, &
penſer com-
me les ſa-
ges.*

Comment, demanda Eulalie,

peut-on parler & agir autrement
que l'on ne pense.

On le doit souvent, répondit Stasimaque. Y ayant mille rencontres
où il faut parler au fou selon sa folie,
& faire ceder le bien particulier au
bien public : à moins que de vouloir
aller directement contre cette belle
maxime, qu'il faut penser comme
les sages & parler comme le vulgaire ; & de détruire la fin principale de la societé, en se mettant par
une singularité affectée hors d'état
de rendre aux autres & de tirer
d'eux les secours necessaires à la
vie.

Il faut bien se resoudre, dit Timandre, à se conformer aux hommes, pour n'estre pas la victime
d'une fureur plusque brutale dont
ils ont toûjours esté possedez, non
seulement de s'assujettir à s'entr'i-
miter en tout, mais ce qui est cruel,
à vouloir estre imitez, & à se choquer des paroles & des actions où
ils n'ont aucun interest, & qui ne
touchent

touchent ny leur perfonne, ny leur reputation, ny leur bien.

Vous ne parlez que de l'exterieur, reprit Stafimaque, que l'on doit confiderer comme une mode qui eft fujette au changement : Car pour l'interieur fi vous eftes perfuadé que nous n'en fommes pas les maiftres, vous l'eftes auffi que l'on ne peut en toutes chofes le conformer au dehors, que par confufion & par préjugé.

En effet, dit Sophie, fi l'on étoit toûjours obligé de s'ajufter aux fentimens publics, la populace ignorante auroit l'avantage, tant parce que c'eft elle qui fait la meilleure partie de la voix publique, & qui y eft la plus conforme, que parce qu'elle feroit la regle des gens d'efprit & de lumiere, ce qui feroit ridicule. Et il feroit fort inutile de travailler à fe rendre habile, puifque les ignorans auroient par caprice & par hazard ce que nous nous donnerions bien de la peine à ac-

O

querir ; Et les sciences doivent estre
bannies comme pernicieuses , si l'on
ne veut pas qu'elles servent à nous
faire connoistre les choses autrement que les sçait une multitude
grossiere qui se mene comme une
beste.

Si les sentimens du vulgaire sont
bons, reprit Stasimaque , on y re-
viendra toûjours , & s'ils sont mauvais on ne sçauroit trop s'en éloigner.

C'est pourquoy , continua-t-il ,
en parlant à Eulalie , évitez le malheur de la plufpart des grands hommes qui ont corrompu les talens
qu'ils avoient reçus du Ciel , en faisant passer au dedans cette necessité
de s'accommoder exterieurement à
l'usage , & qui se sont aheurtez à
vouloir reformer indifferemment &
sans autorité publique , les erreurs
pretendus des sçavans & du vulgaire : sans considerer que la verité
& la fausseté sont indifferentes pour
la plufpart des hommes ; qu'ils les

reçoivent & les rejettent de la mefme façon , par caprice & par opi-
niatreté , & qu'en changeant de
maiftres & de climat, ils ne chan-
gent point de conduite ; qu'ils fuivent toûjours le mefme train, &
demeurent efclaves de l'ufage & de
l'opinion. Souvenez-vous qu'il eft
des biens de l'efprit comme de ceux
du corps , que les uns & les autres
doivent fervir à noftre confervation
& non pas à noftre ruine ; que nous
ne fommes pas au monde pour établir nos imaginations à nos dé-
pens , mais au contraire que tout ce
que nous nous mettons dans la tefte,
tout ce que nous fçavons , tout ce
que nous poffedons doit eftre pour
nous & pour noftre avantage.

Songez que les fçavans en quelque genre que ce foit ont toûjours
efté partagez & qu'ils le font encore , que chaque party prétend eftre
la regle des autres , & avoir pour
foy la voix publique ; & qu'ainfi nul
d'entre eux n'eft conforme à cette

voix publique : prenez garde que
tous les Eſtats, toutes les Provinces,
ſont differentes en coûtumes & en
ſentimens , que dans chaque Province , chaque ville ; dans chaque
ville , chaque corps , chaque ſocieté
a ſes pratiques & ſes maximes ; &
ſans parler des modes , des intereſts,
des biens , des affaires , & des deſſeins , ne voyez vous pas que chaque particulier à ſa fin ; que pluſieurs
qui tendent à une meſme fin , prennent des routes differentes pour y
arriver ? Nous voulons tous eſtre
heureux ; nous voulons n'eſtre point
trompez , & nous choiſiſſons chacun pour cela les moyens que nous
jugeons les plus propres. Vous
voulez trouver la verité & vous
ſuivez le moyen qui vous paroiſt le
plus court & le plus ſeur. Vous
n'affectez pas d'eſtre ſinguliere dans
vos ſentimens ; vous n'évitez pas de
vous rencontrer avec les autres par
un eſprit particulier & de mépris,
mais vous prenez la voye qui vous

paroiſt la plus ſure , ſans vouloir
empeſcher les autres d'y entrer ; &
ſi vous ne prenez pas la voye commune, ce n'eſt pas que vous en vouliez une qui vous ſoit particuliere ;
mais parce que vous avez raiſon de
croire que celle là n'eſt pas la meilleure : & vous vous déterminez à
celle-cy dans la penſée que tout le
monde y doit eſtre. Si vous prenez
garde que vous travaillez principalement pour voſtre propre perfection, vous ne devez vous mettre
en peine que de vous & de ce qui
vous paroiſt le plus commode & le
plus utile, en ce qui regarde l'interieur ; mais qu'ayant à vivre avec
d'autres hommes , il faut imiter les
perſonnes riches & ſages , qui ont
deux habits , l'un commode &
pour la maiſon , où ils ne ſont point
contraints & un autre à la mode ,
pour les compagnies & pour la ville.
C'eſt à dire que ce n'eſt ſçavoir les
choſes qu'à demy que de ne les ſçavoir que pour ſoy ; il faut encore

O iij

sçavoir l'art de les debiter, non
seulement pour s'accommoder à la
foiblesse & à la portée du vulgaire,
mais aussi pour luy pouvoir insi-
nuer avec adresse les veritez qu'on
a découvertes ; parce que comme il
ne se met gueres en peine que des
mots, & qu'il agit plus par memoire que par jugement, on peut quelquefois à la faveur des manieres
qu'il reçoit, luy faire entrer de bonnes choses dans l'esprit.

Il me reste encore un petit scrupule, dit Eulalie, sur ce que vous
dites que l'on peut quelquefois parler autrement que l'on ne pense.
C'est qu'il me semble qu'il y auroit
en cela du déguisement & de la
dissimulation, ce que vous sçavez
bien que la pluspart des gens condamnent.

Vostre scrupule, repliqua Stasimaque, est un scrupule d'opinion,
non pas un scrupule de raison. Je
sçay fort bien que l'on condamne
la dissimulation, mais je sçay aussi

qu’on la condamne en general, parce qu’elle eſt condamnable en quelques rencontres, comme lorſqu’elle eſt meſlée d’artifice & de deſſein de tromper, en un mot quand elle eſt contraire à la charité que nous devons avoir pour le prochain : mais quand on déguiſe ſes ſentimens pour l’avantage des autres, afin de ne leur pas devenir inutile par oppoſition d’opinion, ou pour nos propres intereſts ſans bleſſer ceux d’autruy, nul n’y peut trouver raiſonnablement à redire, & cela ne s’appelle point mentir.

Croyez-vous que vous ne ſeriez pas homicide de vous-meſme, de vous expoſer inutilement à la fureur d’une multitude mutinée ; ou que vous ne ſeriez pas coupable d’exciter une ſedition & une guerre civile, en refuſant d’approuver quelque opinion que vous ne croiriez pas fort vraye ? Et n’apprehenderiez-vous pas d’eſtre criminelle, ſi un mal-heureux s’eſtant ſauvé chez-vous , vous ne renvoyiez pas ailleurs des affaſſins qui le pourſuivroient pour le tuer ?

Non , non , continua-t il , il n'eſt pas deffendu d'adoucir la doze, pour faire avaler plus doucement le Calice , ny de dorer la pilule pour en cacher l'amertume. Les hommes ſont baſtis de telle façon qu'il leur faut cacher leurs maladies , pour ne les pas trop abatre ; diminuer les difficultez pour ne les pas décourager , & chercher des couleurs & des prétextes pour pallier ſes deſſeins. Et ce ſeroit détruire toute la ſocieté de vouloir empeſcher les politiques de donner ſouvent le change , & de faire ſonner d'un coſté , pendant qu'ils font courre de l'autre.

La compagnie ne ſera pas fâchée pourſuivit-il , de voir là deſſus quelques exemples qui portent leur raiſon & leur autorité , & auſquels on ne peut refuſer de ſe rendre. Il paroit par toute l'Ecriture que Dieu a eu toûjours pour les hommes une ſi

grande

grande condefcendance , que pour
s'accommoder à la foiblefſe de leur
efprit qui ne fçauroit prefque rien
comprendre que fous des images
grofſieres & corporelles , il ne s'eſt
montré à eux que par Figures , par
Emblémes & par Enigmes ; & il a
fouffert qu'on luy ait donné des
mains , des oreilles , & mefme des
pafſions pour rendre fa conduite
plus fenfible au peuple. Et quoy
qu'il foit vray-femblable, comme le
croyent quelques habiles , que la
création du monde s'eſt accomplie
en un inſtant, il a fallu neanmoins
pour la dévolopper au peuple , en
faire une hiſtoire de plufieurs jours.

Comme vous avez lû l'Evangile,
vous y avez fans doute remarqué,
que le Sauveur du monde nous avertit par fes paroles & par fon exemple de ne pas prophaner fa doctrine,
en la publiant devant toute forte de
perfonnes , & qu'il y a des conjon-
ctures où dire les chofes comme on
les fçait , ce feroit jetter des pierres

P

precieuses devant des pourceaux ; leur donner occasion d'entrer en rage, de tourner leur fureur contre nous & de nous déchirer cruellement. Combien y a-t-il eu de rencontres où ne trouvant pas à propos de debiter ses maximes toutes nuës, il les a couvertes du voile des Paraboles ? N'y a-t-il pas eu des temps où ne jugeant pas encore les Apôtres mesmes entierement capables de porter les grandes veritez qu'il avoit à leur apprendre, il ne les leur disoit qu'en partie ? Quoy qu'il sçuft que Dieu est également par tout, il a neanmoins porté le peuple à le considerer comme estant au ciel d'une façon particuliere ; parce que le peuple qui juge de l'excellence des choses par leur situation, s'imagine que le Ciel estant la partie du monde la plus haute & la plus belle, est aussi la plus digne d'estre le Thrône & le séjour de la Majesté divine. Et afin de donner aux méchans plus de crainte pour

Matth. 16.

cét état de malheur qui doit durer
eternellement aprés cette vie, il
nous le reprefente tantoft par le
mot d'enfer qui eft en quelque forte
oppofé dans fa fignification à celuy
du Ciel, tantoft par des feux épou-
vantables, tantoft par des tenebres
affreufes, tantoft par des grince-
mens de dents, c'eft à dire par tout
ce que nous pouvons concevoir de
plus propre à infpirer de l'horreur.
Enfin c'eftoit dans le mefme efprit
que S. Paul ne donnoit d'abord que
du lait à ceux qu'il commençoit d'inftruire de la Religion Chrétienne,
refervant à leur donner la nourriture
folide, lorfqu'ils avoient l'eftomach
plus fort.

    Aprés tant de preuves fi convain-
cantes, dit Eulalie, tant de témoignages fi certains & des modeles fi
excellens, je ne puis revoquer en
doute qu'il faille avoir les vuës que
vous m'avez propofées, pour bien
apprendre les chofes.

    Je ne croy pas, reprit Stafima-

1. Cor.

Il ne se faut point sou-cier des dif-cours du peuple.

que, qu'il soit besoin de vous avertir qu'il ne faut avoir aucun égard à
ce que le peuple a accoûtumé de
dire des sçavans. Car vous n'ignorez pas que ce ne peut estre que par
fantaisie & par prévention qu'il dit
d'ordinaire que les sçavans sont
dangereux, & que les grans esprits
sont plus sujets à se perdre. Ainsi
vous ne devez pas craindre le reproche d'*Esprit fort* que l'on fait à
tous ceux qui ne jugeant pas à propos de s'assujettir aveuglément aux
opinions vulgaires, n'en veulent
recevoir aucune sans raison.

Présentement, reprit Eulalie, je
considere ces discours là comme des
vaux de villes, dont les sots se re-
paissent & se consolent. Par les sots
j'entends ceux qui n'ont point du
tout d'esprit, ou qui corrompent le
peu que le Ciel leur en a donné, en
recevant sans examen toute sorte
d'opinions.

Je ne crains plus qu'une chose,
ajoûta-t-elle, sçavoir de ne pas user

assez bien de ma raison. Pour ce qui est du peuple, il me semble, que pendant qu'il témoigne ridiculement de la compassion pour ceux qu'il s'imagine estre dans l'erreur, parce qu'ils ne suivent pas ses fantaisies, les sçavans, & ceux qui travaillent à le devenir, ne doivent pas mesme songer à luy, non plus qu'à un insensé Idolatre de sa Marotte.

En effet, ne faut-il pas estre fou pour vouloir que plus une personne a de raison, & plus elle est dans un état dangereux & déplorable ? Car estre sçavant, c'est avoir plus de raison. C'est pis que si l'on disoit que plus nous avons de santé & de force, plus nous sommes miserables.

L'Esprit peut estre pernicieux comme les autres biens, dit Timandre, quand ceux qui les possedent en abusent, & l'on ne condamne que ceux qui employent mal ce talent.

Je le veux, repartit Eulalie. Mais comment je vous prie une femme

qui n'entend pas mesme son Pater,
peut-elle sçavoir si l'on fait un juste
employ de l'esprit, elle qui ne sçait
pas mesme ce que c'est qu'esprit :
si l'on est dans le chemin de la verité
ou de l'erreur, elle qui ne connoist
ny l'un ny l'autre. Pour moy, je
suis persuadée presentement que
l'on ne peut faire un meilleur usage
de son esprit, que de l'employer à
bien connoistre les choses, ny en
faire un plus mauvais, que de le
laisser inutile, comme fait le peuple,
de l'aveugler & de l'étoufer pour
suivre l'interest & le caprice d'autruy. Aussi, peu s'en faut que je ne
dise que l'on se doit réjoüir au lieu
de s'embarasser, de se voir condamner par une multitude ignorante :
car c'est une marque infaillible que
l'on pense & que l'on parle autrement qu'elle, ce que les gens d'esprit doivent rechercher, puisqu'elle
ne peut avoir que des pensées confuses, incertaines, fausses & bizarres : Et je ne m'étonne plus que ceux

qui ont des sentimens éloignez du
vulgaire, en soyent toûjours rejet-
tez, aussi bien que de ces sçavans
populaires, qui bastissent leur doctrine sur les préjugez de l'Enfance.
Je me figure aussi que c'est de cette
science que parle l'Ecriture quand
elle la nomme une source de vanité
& d'orgueil. Un si méchant effet
ne pouvant estre justement attribüé
à la science que nous recherchons
qui n'a pour but que la conduite de
la raison, & pour fondement que
l'amour pur & sincere de la verité.

Je craindrois fort, dit Timandre
en riant, que cét amour ne soit plûtost en vous un mouvement de curiosité.

Quand cela seroit, reprit aussi-tost
Eulalie, quel inconvenient? Si vous
estes encore dans l'erreur de ceux
qui croyent que la curiosité est un *De la cu-*
riosité.
defaut & qui en accusent nôtre sexe,
adressez-vous à Stasimaque ou à
son livre, & vous verrez comment
il nous justifie, & fait voir que la

P iiij

curiofité eft un tres-grand avantage.
Ce qui me convainc que l'on n'y
trouve à redire que par caprice &
par opinion, c'eft qu'ayant demandé à plufieurs perfonnes & entr'autres à ce bon homme, auquel il ne
plaift pas que les femmes foient fi
curieufes, s'il fçavoit bien ce que
c'eft que curiofité; il ne manqua
pas de me répondre que j'en avois,
& qu'ainfi je n'avois garde de parler
contre ceux qui en ont. Un jour
que je le priois inftamment de m'é-
claircir là deffus, pour fçavoir en
quoy la curiofité eft blâmable, je
remportay pour toute réponfe en
cela comme en beaucoup d'autres
chofes, un *je ne fçay que vous dire;*
mais je fçay bien qu'il ne faut pas
eftre fi curieux; tout le monde le croit
ainfi.

Affurément, dit Stafimaque, la
curiofité peut eftre mauvaife comme
le refte de nos inclinations. Mais
pour comprendre quand cela arrive,
il faut que vous fçachiez, que nous

avons deux defirs dominans qui répondent aux principaux befoins de
l'Efprit & du corps. Le premier
defir a pour objet la poffeffion de
toutes les chofes neceffaires à la
confervation du corps ; & le fecond
regarde les connoiffances qui peuvent contribuer à la perfection de
l'Efprit. Le premier s'appelle con-
cupifcence , & l'autre fe nomme
curiofité. A les prendre tous deux
en general , fans avoir égard à la
condition de la vie prefente , ny aux
établiffemens de la focieté , il n'y a
pas plus à redire à l'un qu'à l'autre ;
& il eft également permis de vouloir
poffeder tout & de vouloir connoiftre tout.

On trouve auffi entre les lumieres de l'efprit la mefme difference
qui eft entre les biens du corps ,
dont les uns font pour la neceffité ,
les autres pour la commodité , &
d'autres enfin pour le plaifir feulement & pour une fatisfaction fuper-
fluë. De forte qu'il n'y a gueres

que la maniere dont nous nous portons aux chofes , qui rende nos defirs bons ou mauvais. Ainfi noftre
curiofité eft ruineufe , indifcrette,
précipitée , quand elle ruine noftre
fanté & nos biens , quand elle nous
rend importuns & incommodes;
quand elle fait que nous nous appliquons à contre-temps à certaines
connoiffances ; que nous préferons
les moins utiles aux neceffaires , que
nous quittons noftre devoir ; que
nous embraffons trop de chofes tout
à la fois , que nous paffons trop legerement pardeffus celles que nous
confiderons , & qu'ainfi nous man-
quons d'obferver entre nos penfées
l'ordre qu'elles doivent avoir pour
trouver la verité.

La curiofité eft encore temeraire
quand nous voulons effectivement
connoiftre des chofes qui fur-
paffent noftre intelligence. Ainfi
l'on ne fçauroit trop blâmer la curiofité de ceux qui veulent fçavoir
jufques où s'étend la toute-puiffance

Divine; si elle peut faire un autre monde que celuy-cy, aneantir une Creature, & rendre une pierre capable de voir Dieu : qui veulent approfondir les secrets, les desseins & la conduite de la providence, & mille autres choses de cette nature qui sont visiblement au dessus de nostre portée, & qui nous rendent dignes de risée de vouloir entrer en des abysmes si profondes, nous qui ne nous connoissons pas nous-mesmes.

La curiosité est donc innocente quand elle n'est contraire ny à la prudence ny à la Justice : & nous pouvons entreprendre de la contenter entierement pourveu que ce soit avec ordre & methode. De sorte que la Magie noire, n'est une science noire & méchante que lorsqu'elle va contre les loix, & qu'on l'étudie dans la resolution d'en abuser & de faire les prophanations qu'elle demande dans la pratique. Autrement elle n'est pas plus criminelle que l'Astronomie, & il n'est pas plus deffendu de s'informer s'il y a des Demons, si l'on peut avoir commerce avec eux, à quelles conditions l'on entre dans ce commerce; que de s'enquerir des mesmes choses à l'égard des Antipodes.

Une des plus fortes considerations, dit Timandre, pourquoy l'on parle tant contre la curiosité, c'est que l'on apprehende que si les hommes s'y laissoient conduire, ils n'allassent plus loin qu'il ne faut.

Il y a long-temps, dit Sophie, que je suis en peine de sçavoir ce que c'est qu'aller trop loin.

Je suis à la mesme peine que vous, dit Stasimaque : & je n'ay encore trouvé personne qui m'en ait tiré. Quoyqu'il en soit nous devons estre en repos & sans trouble, lorsque nous recherchons la verité sincerement & avec prudence, puisque nous ne sçaurions mieux faire.

Selon quelques-uns, reprit Timandre, c'est aller trop loin que de s'écarter des opinions communes, & de donner dans des sentimens nouveaux, ce qui est encore un effet de la curiosité.

N'est-ce que cela ? Repartit Eulalie ; vous n'y prenez pas garde. Souvenez-vous que vous nous avez dit tantost qu'il ne dépend pas d'un esprit attentif & raisonnable de choisir en matiere de sentiment ; & qu'il se porte par une pente naturelle à prendre ceux qui luy paroissent les meilleurs, anciens ou modernes; & je pense que lorsque l'on aime bien la verité on est toûjours prest à la recevoir de quelque main, de quelque païs, & sous quelque âge qu'elle nous vienne.

Comment sçavoir, dit Sophie, de quel âge est une opinion. Tel pense qu'elle est nouvelle, parce qu'il a oüy dire qu'il n'y a pas long-temps qu'elle est en vogue, & peut-estre qu'elle a eu regne dans un autre païs & dans un autre siecle dont il n'a pas de connoissance. Et puis,

Des senti-
mens qu'on
appelle
nouveaux.

combien y a-t-il eu d'Autheurs dont
les ouvrages font perdus ou inconnus, & de perfonnes habiles qui ne
difent pas ce qu'elles penfent. Car
comme le vulgaire ne peut fouffrir
que l'on parle autrement que luy,
je tiens prefque pour indubitable
que les plus doctes demeurent dans
le filence, & que ceux qui éclattent
le plus, font pour l'ordinaire des
gens qui ont le bonheur ou le talent
de faire bien valoir ce qui eft receu
publiquement.

Comme l'antiquité des opinions,
ajoûta Stafimaque, n'eft pas une
marque qu'elles foient vrayes, leur
nouveauté n'eft pas non plus une
preuve qu'elles foient fauffes, & fi
la confideration de la nouveauté
eftoit un motif fuffifant pour les rejetter, il n'en faudroit admettre aucune; parce que les plus anciennes
ont auffi efté nouvelles dans leur
naiffance, & qu'elles le font toutes
à noftre égard la premiere fois qu'elles fe prefentent à l'efprit.

Il faut, reprit Sophie, que le monde soit bien entêté là-dessus. A-t-on presentement les mesmes loix, les mesmes coutumes, la mesme politique & la mesme discipline que l'on avoit autrefois? Tous les hommes ne sont-ils pas sujets à changer, de pensées, de langage, de conduitte & de desseins, comme de modes, selon l'occasion & l'experience. Puisqu'on laisse à l'esprit dans les Arts, la liberté de s'étendre autant qu'il peut, pourquoy le contraindre & le resserrer dans les sciences? On recompense les Pilotes qui découvrent de nouvelles terres; on accorde mesme des privileges aux Artisans qui ont trouvé quelque chose de particulier, on devroit au moins permettre aux gens d'étude de penser comme ils pourront.

Ils n'ont qu'à en prendre la permission, repliqua Stasimaque, sans en rien dire à personne: & s'il leur arrive de faire quelque bonne ren-

contre, qu'ils la refervent pour eux
& pour leurs amis, fans donner lieu
par un zele indifcret & mal reglé
d'eftre traitté de Novateurs en s'o-
piniaftrant à vouloir reformer le
public contre la volonté de ceux qui
gouvernent.

Voilà, pourfuivit-il, en s'addref-
fant à Eulalie, ce que l'on peut dire
de plus important pour l'éclairciffement des trois demandes que je
vous ay faittes tantoft. Je croy que
vous voyez encore mieux prefentement de quelle neceffité il eftoit,
avant que de vous répondre directement fur l'avis que vous fouhaittez
de moy, de vous montrer qu'à l'âge
où vous eftes, l'on eft ordinairement rempli de prejugez & d'erreurs; qu'il eft impoffible d'en fortir que par un renoncement fincere
& general; que pour acquerir des
connoiffances certaines, il faut fe
mettre à examiner toutes chofes de
nouveau, comme fi l'on n'en avoit
jamais entendu parler, & les examiner

ner par sa seule raison & comme si l'on estoit seul au monde. Mais encore que vous ayez commencé par une methode toute contraire à celle que l'on suit vulgairement, c'est à dire par oublier tout ce que vous croyiez sçavoir, au lieu que les autres commencent par apprendre ce qu'ils croyent ignorer, vous devez neanmoins estre persuadée que vous avez fait plus de la moitié du chemin pour arriver aux grandes veritez dont les hommes sont capables.

Vous nous avez montré, luy dit Sophie en se levant, que la science & la sagesse vulgaire n'est que vanité & folie; J'espere que la premiere fois que nous aurons le bien de vous posseder, nous sçaurons en quoy vous mettez la sagesse dont vous faites profession.

Vous le sçaurez, répondit Stasimaque, quand il vous plaira me faire avertir que vous le voulez: aprés quoy ces quatre personnes prirent congé les uns des autres.

Q

DE
L'EDUCATION
DES DAMES.

QUATRIEME ENTRETIEN.

QUELQUES jours aprés cette en-
treveuë, Stasimaque reçeut un
billet de la part de Sophie qui luy
mandoit que Timandre devoit dif-
ner chez-elle ce jour-là, & qu'Eulalie s'y devant aussi trouver, elle
l'exhortoit à venir achever une con-
queste qu'elle croyoit fort avancée.

Stasimaque luy fit réponse qu'encore qu'il regardast cét avis qu'elle
luy donnoit comme le signal d'une
rencontre où il devoit estre deffait,
il ne laisseroit pas d'obeïr.

Il s'y rendit à point nommé, & après les premieres civilitez, Eulalie luy addreſſant la parole, d'une maniere enjoüée & obligeante; Vous eſtes un homme étrange, luy dit-elle; vous vous plaiſez à faire penſer les gens. Je ne m'étonne pas ſi vous prenez tant le party des femmes; vous leur reſſemblez en une choſé à quoy tout le monde trouve à redire. Quand vous vous mettez quelque deſſein dans l'eſprit, vous en voulez venir à voſtre honneur.

Je ne ſçay pas, répondit Staſimaque, ſi je ſuis aſſez heureux pour avoir reüſſi à voſtre égard : mais je puis vous dire que juſques-icy j'ay ſi bien pris mes meſures dans tout ce que j'ay entrepris, que quand j'ay eu affaire avec des perſonnes raiſonnables, je les ay toûjours fait venir à mon point, ou bien elles m'ont fait venir au leur.

Comme vous agiſſez par raiſon, dit Timandre, je ne ſuis pas ſurpris, que vous ſuiviez celles d'autruy, ou

que l'on entre dans les voſtres. Et
c'eſt en cela que l'on doit dire que
les femmes ne vous reſſemblent pas.

Vous faites toûjours, reprit Eulalie, vos propoſitions ſi generales que
vous eſtes obligé enſuite d'y apporter quelque reſtriction. Il y a plus
de femmes raiſonnables que vous
ne penſez, & vous devez au moins
preſentement, me mettre de ce
nombre là. Ce n'eſt pas que je pre-
tende avoir plus de raiſon que les
autres ; mais ſi c'eſt eſtre raiſonnable
en quelque façon, que d'avoir une
extreme envie de le devenir, vous
devez aujourd'huy me conſiderer en
cette qualité.

Je crains fort, luy dit Staſimaque,
que vous ne ſoyez plus raiſonnable
& plus habile que vous ne l'avez
fait paroiſtre. Car à moins que d'a-
voir un eſprit extraordinaire, il eſt
tres-difficile de ſe rencontrer, comme vous faites, avec les grands
hommes ſans les avoir étudiez.

Auſſi ay-je le bien, repartit Eu-

lalie en fouriant, de me rencontrer
avec vous & de vous avoir étudié.

Je ne raille point, dit Stafimaque.
Je parle des grands hommes de l'antiquité, qui ont defini la fageffe l'a-
mour de la fageffe, ou le defir de
l'acquerir : & c'eft ce que porte le
mot de Philofophie, que nous avons
receu d'eux, comme celuy de Philofophe, qui veut dire amateur de
la fageffe & de la raifon.

Et fouvenez-vous Stafimaque,
dit Sophie, que vous nous dîtes dernierement, que la fageffe confifte
plus à ne vouloir pas eftre trompé,
qu'à ne fe point tromper du tout ; &
c'eft fans doute fur ce patron qu'Eulalie a taillé la definition de raifonnable, qu'elle vous vient d'apporter.

. De quelque cofté que cela vienne, repartit Stafimaque, il eft certain qu'il faut avoir beaucoup d'efprit, pour faire dans le commerce
des penfées comme dans celuy des
marchandifes, beaucoup de chofes
avec peu, & pour profiter de tout.

Q iij

Selon vos principes , dit Eulalie , dont je suis maintenant si persuadée que je puis dire que ce sont les miens , on peut reconnoistre dans l'occasion que l'on ne manque pas d'esprit , soit pour en rendre gloire à Dieu , soit pour se disposer à faire valoir un talent dont il faut luy tenir compte. C'est pourquoy je vous avoüe , que je croy en avoir suffisamment , tant pour vous exciter davantage à me donner les moyen de le cultiver , que pour vous remercier vous-mesme de m'en avoir assez inspiré , pour estre en estat de remarquer une infinité de choses ausquelles je ne m'étois jamais arrestée , d'interpreter des songes & de reduire les gens au silence.

Voilà des paradoxes & des enigmes tout à la fois , luy dit Sophie ; & je voudrois bien en sçavoir l'explication.

C'est mon dessein , repartit Eulalie , & je veux faire voir à Stasimaque comme à mon maistre , le pro-

fit que j'ay fait des deux leçons qu'il
m'a données.

Ne nous fervons point icy de ces
mots là, je vous prie, dit Stafimaque; chacun eft icy pour foy. Je hay le
mot de maiftre pour certaines raifons, & je n'ay garde d'en prendre
la qualité à l'endroit d'une belle perfonne, qui fera bien-toft ma mai-
trefle.

Le foir mefme du jour que nous
nous vifmes la derniere fois, reprit
Eulalie en parlant à Stafimaque,
m'eftant retirée plûtoft qu'à l'ordinaire, comme j'ay affez de memoire, graces à Dieu, je rappellay
dans mon efprit, la plufpart des chofes que je vous avois oüy dire. Et
aprés y avoir fait attention durant
quelque temps, comme fi l'on m'eût
ofté un bandeau de devant les yeux,
je vis clair tout d'un coup en mille
chofes qui m'avoient paru auparavant tres-obfcures. Entr'autres je
me reprefenté felon le peu d'experience que je puis avoir, tout ce

que je connois de la conduite du
monde ; de quelle façon l'on parle
des chofes, & comment nous agiffons conformement à nos difcours ;
& comparant les hommes enfemble
& avec eux-mefmes, leurs paroles
avec leurs actions, j'y remarquay
une bizarrerie qui m'épouvanta,
me paroiffant beaucoup grande que
vous ne me l'aviez fait voir.

Il me fembla que les hommes dans
leur enfance apprennent toutes chofes par la mefme voye ; qu'ils y demeurent attachez par les mefmes
confiderations qui les y font entrer ;
& que comme ils ne fçavent rien
d'ordinaire que par prevention &
par erreur, leur fcience, leur perfuafion, leur croyance, peuvent eftre
fort bien definies, une attache aveugle & opiniaftre, contraire à la raifon & au bon fens.

Prefque tous les peuples du monde ont leurs opinions particulieres,
& quoy qu'ils les ayent receuës avec
auffi peu de difcernement l'un que
l'autre

l'autre, chacun neanmoins pretend avoir les plus raisonnables, & accuse ses voisins, mais avec tant de vray-semblance de tous costez qu'il est extremement difficile de juger lequel a tort ou raison, à moins que de s'estre également defait de tous leurs sentimens, & élevé au dessus pour les considerer sans interest.

Quoyque toute la science du peuple soit fondée sur l'autorité de ses maistres, qu'il n'apprenne rien que par leur entremise, & qu'il tienne pour vrayes les premieres choses qu'ils luy enseignent ; Cependant si aprés en avoir esté instruit, ils venoient à changer de sentiment, & à rejetter comme des erreurs ceux qu'ils luy auroient inspiré pour des veritez constantes, il seroit des premiers à crier contre eux, & à les accuser de n'estre pas conformes à la voix publique. Encore faut-il que cette voix publique soit celle du païs où nous avons esté élevez. Car quoy que le vulgaire juge de la ve-

R.

rité des opinions par le nombre des personnes qui les soutiennent, il compte ces personnes pour rien si elles ne font pas de sa nation, & il ne feint point d'accuser d'erreur les trois parties du monde toutes entieres, si on luy dit qu'elles parlent, & qu'elles vivent autrement que l'on ne fait dans la Province, dans la ville, dans la societé où il est; mesme autrement qu'un seul homme dont il sera gouverné.

C'est assez à l'égard de la plufpart du monde, qu'une chose soit dite par une personne de secte opposée, pour estre fausse; & qu'elle soit avancée par ceux qu'ils estiment, pour estre vraye & indubitable, Et ceux qui pourroient estre legitimement soubçonnez de sacrifier la verité à la fortune, sont adorez par le peuple, pendant qu'il persecute cruellement ceux qui par un desinteressement entier, donnent lieu de croire qu'ils ont sacrifié la fortune à la verité qu'ils recherchent.

Enfin j'obſervay que les hommes
ne s'accordent pas avec eux-meſmes;
que dans les choſes les plus importantes , ils s'en rapportent à un oüy
dire , comme ſi ils n'avoient ny raiſon ny eſprit ; Et que par une contradiction étonnante , quoy que
chacun en particulier , & ceux meſme qui ſe meſlent de conduire les
autres , ſe faſſent une vertu fonda-
mentale , de croire ou de dire qu'ils
n'ont pas aſſez de raiſon pour ſe
gouverner eux-meſmes ; quoy qu'il
faſſent profeſſion d'eſtre aveugles ;
quoy qu'ils reconnoiſſent qu'ils ſont
ſujets à l'erreur , qu'ils y ſont tombez mille fois & qu'ils y tombent
tous les jours ; cependant , tantoſt
ils s'en rapportent aux lumieres &
aux conſeils d'autruy ; tantoſt ils ne
veulent ſuivre que leurs lumieres &
leur caprice ; Et ce qui eſt encore
plus ridicule , la pluſpart veulent
que l'on ſe ſoumette à eux ſans examen , & comme à des Oracles incapables de manquer ; Et ceux qui

ont moins d'efprit & de connoiffances entreprennent de regler leurs
femblables , de leur donner des
avis , & de condamner leur conduitte quand elle ne s'accorde pas avec
la leur.

Mais je trouvay la contradiction
bien plus grande, quand je voulus
faire un parallelle des difcours des
hommes avec leurs actions. Je vis
qu'ils pratiquent le contraire de ce
qu'ils difent , qu'ils ne fuivent prefque jamais les regles qu'ils prefcri-
vent aux autres , qu'ils eftiment &
fouhaittent dans leur ame , ce qu'ils
condamnent devant le monde ;
qu'ils craignent moins la contagion
des mœurs que de la doctrine ; &
que l'on eft plus criminel à leur
égard de ne pas parler comme eux ,
quoy que l'on vive autrement, que
de parler autrement , & de mener
une vie toute oppofée à celle qu'ils
approuvent. Et dans l'incertitude
ou cette bizarrerie me jetta, ne fça-
chant fi je devois prendre leurs

actions ou leurs discours pour ma
regle, si les actions estoient la regle
des paroles, ou si les paroles estoient
celle des actions, ou enfin s'il y
avoit des regles particulieres pour
les unes, & pour les autres, & des
maximes qui servissent à concilier
une contradiction si manifeste ; Je
me confirmay dans la resolution ge-
nereuse que vous m'avez conseillée,
de ne m'en rapporter à personne
dans les choses qui dependent de ma
raison, & d'attendre l'occasion que
vous ayez la bonté de me dire ce que
vous croyez qu'il est à propos que je
fasse presentement.

Je suis venu icy aujourd'huy, par
l'ordre de Sophie, répondit Stasimaque, pour vous dire ce que j'ay
fait, aprés que je fus entré dans une
disposition approchante de celle où
vous estes. Mais, ajoûta-t-il, ce ne
sera qu'aprés que vous aurez ache-
vé vostre recit.

M'estant couchée & endormie
sur ces pensées, reprit Eulalie, je

m'imaginay en fonge que j'avois
étably ma demeure dans une grande
ville de Trafic, où par droit de focieté tous les habitans avoient part,
mais inégalement, à toutes les fortes de marchandifes qu'on y appor-
toit. Et quoy que ces marchandifes qui eftoient extremement belles
au fortir des vaiffeaux, fe falfifiaf-
fent & fe terniffent de telle façon en
paffant de main en main, qu'elles en
devenoient méconnoiffables ; ceux
qui les recevoient les derniers, & en
plus petite portion, avoient la folie
de s'eftimer auffi heureux & auffi riches que les autres, par le moyen
defquels elles venoient jufques à eux.

J'eftois de ce nombre là : & comme j'allois recevoir la part qui
m'appartenoit, je rencontray au
coin d'une ruë une Dame tres-bien
faitte, qui me prenant par la main
avec un air plein de majefté & de
douceur, & ayant fceu de moy ou
j'allois, me dit que j'eftois bien mal-
heureufe, de chercher avec tant de

peine des chofes fi méprifables & fi
chetives, & d'y mettre mon bon-
heur, pendant que je laiffois inutilement dans noftre maifon un
threfor ineftimable dont la poffeffion qui m'appartenoit legitimement, me rendroit infiniment plus
heureufe & plus riche que fi j'avois
en mon pouvoir, tous les biens de
nos habitans.

M'eftant abandonnée à fa conduite, elle me mena dans un jardin
qui eft à nous, par un petit fentier
dont perfonne du logis ne s'eftoit
encore apperceu, tout vifible qu'il
eftoit, & faifant ouvrir la terre par
un homme qui l'accompagnoit, elle
me montra en effet un threfor, dont
la découverte me caufa tant de joye
que je me réveillay fur le champ.

Comme je ne fuis pas d'une humeur fort mélancholique, il m'arrive fouvent d'avoir ainfi des fonges
agreables, dont je me fouviens affez
après le fommeil, pour m'en diver-
tir encore quelque temps que je

R iiij

reſte au lit. De ſorte que celuy-là
ne me deplaiſant pas, à cauſe de pluſieurs circonſtances que je paſſe à
deſſein, & me ſentant toute émeuë,
comme c'eſt l'ordinaire quand on a
eu quelque paſſion en révant, je
m'en occupay avec d'autant plus de
ſatisfaction qu'il me ſembla qu'il
avoit du rappport avec le ſujet de
ma meditation du ſoir precedent.

En effet, aprés l'avoir bien conſideré, j'ay cru que ces marchandiſes
ſont les opinions humaines qui viennent toutes d'une meſme ſource, &
ſe corrompent dans les mains par où
elles paſſent. Les derniers qui les
reçoivent ſont les ſimples & le
vulgaire, qui par une folie ridicule,
veulent aller de pair avec les ſçavans, & ſe donnent meſme la liberté de condamner ceux qu'ils croyent
eſtre dans un ſentiment contraire au
leur, & qui decident plus affirma-
tivement que les gens qui ont paſſé
toute leur vie à examiner les choſes.

Cette Dame qui reſſembloit fort

à celle dont vous fiftes dernierement la peinture, eft la verité mefme qui fe prefente à tous les hommes ; ceux qui nous ouvrent le chemin qui y conduit, font figurez par celuy qui ouvrit la Terre ; & ce Threfor, à mon avis, c'eft le fond de raifon qui eft en nous.

Pour venir au refte, je vous diray, que nous receufmes hier vifite de deux hommes qui paffent chez-nous pour gens fçavans, parce qu'ils en ont l'air & la robe ; mais ce font des fçavans comme il en faut à Stafimaque. On parla de chofes & d'autres, & particulierement de la conduite de certaines perfonnes où l'on trouvoit fort à redire. Ces Meffieurs mefmes s'emporterent là-deffus avec chaleur, & furent imitez à l'ordinaire de toute la compagnie. Je fus obligée de dire ce que j'en penfois. Et l'on fut fort furpris de voir que ce n'eftoit plus avec le zele que l'ardeur de mon temperamment me donnoit auparavant. Je me con-

tentay de répondre que si les perſonnes dont on parloit avoient tort, il
les falloit excuſer. Ma mere m'ayant
dit avec aigreur qu'il ſembloit que
j'en doutaſſe, & luy ayant reparty
que je ne doutois point que l'on
avoit accoutumé de condamner
ceux qui en uſoient de la ſorte.

Mais vous, me demanda ſevere-
ment un de ces Meſſieurs, ne les
condamnez-vous pas auſſi ? Je les
condamne auſſi, luy répondis-je, ſi
vous les condamnez, & il me ſemble qu'ils n'ont pas raiſon d'aller
ainſi ouvertement contre la coutume. Il y a plus que la coutume, repliqua ce Monſieur ; la choſe eſt
mauvaiſe en ſoy : & pour nous en
convaincre, il allegua l'autorité de
cinq ou ſix hommes dont on a imprimé les opinions. Je luy dis là-
deſſus, que ces témoignages me fai-
ſoient voir que l'on avoit parlé autrefois comme luy, ou plûtoſt qu'il
parloit d'une certaine façon, dont
on avoit parlé autrefois, mais que

je ne voyois pas qu'il falluft abfolument parler de la forte, parce que je
n'avois pas étudié ces chof s-là.

Enfin aprés plufieurs conteftations
je fus obligée de luy dire que je le
plaignois d'avoir tant employé de
temps & d'argent pour apprendre
comment on parloit au fiecles paffez : que fans avoir vû beaucoup de
livres, je fçavois auffi bien que luy
que l'on parle & que l'on agit d'une
telle façon : & que fi l'on veut fçavoir ce que les hommes difent fur
un fujet, l'on n'a qu'à aller de boutique en boutique, confulter les
marchands, ou bien fe mettre à
l'entrée des places publiques, & demander à tous les paffans leurs avis;
& que de cette maniere on recüeil-
lera plus de voix en un jour qu'un
homme ne fçauroit faire durant fa
vie, quand il parcoureroit toutes les
Bibliotheques du monde.

En forte que ces Meffieurs eftant
demeurez court, fe retirerent avec
des marques qu'ils n'eftoient pas

trop contens, parce que j'avois ofé
raifonner en leur prefence : Et ma
mere qui s'en apperçeut bien, m'euft
parlé d'une étrange façon, fi elle
n'euft apprehendé de me faire perdre l'envie qu'elle croit que j'ay de
prendre une guimpe ; parce qu'elle
m'a vû plus retirée que de coutume.

Cette converfation me fit reffou-
venir d'une difpute que ces mefines
perfonnes eurent un jour avec des
gens de party contraire qui fe trou-
verent chez-nous par hazard. Comme le fentiment qui les partage fait
beaucoup de bruit, je m'eftois toûjours imaginée fuivant la coutume
de ceux qui jugent des opinions fur
l'etiquette, que la leur eftoit de
grande confequence, & je fus ravie
que l'occafion fe prefentaft d'en entendre parler à fond.

Lorfque la difpute commença,
ces Adverfaires me parurent auffi
oppofez qu'ils le pouvoient eftre,
l'un affirmant pofitivement ce que
l'autre nioit de la mefme façon.

Comme le reste de la compagnie & moy avons esté élevez dans l'opinion de ces sçavans à la robe, nous ne manquions pas de leur applaudir, quoyque nous n'entendissions point du tout ce qu'ils disoient, non plus qu'eux-mesmes, & que leurs Antagonistes (c'est à dire adversaires) parlassent avec beaucoup de raison & de bon sens. Car j'y ay fait reflexion depuis. Je regardois mesme ces derniers comme gens pervertis & ennemis jurez de la verité ; parce que je les avois oüy qualifier de cette sorte, & qu'ils passent en effet pour ennemis de nos fantaisies & de nos sentimens. Les mots durs qu'ils s'entredisoient ne contribuoient pas peu à me le faire croire encore plus fortement.

Plus ils s'échauffoient dans la dispute, plus il me sembloit qu'ils estoient opposez : Enfin aprés avoir bien battu du païs sans rien découvrir, ils en voulurent venir à une explication nette & precise : Et je

vous avoüe que je fus étrangement
surprise de voir que des gens que je
croyois aussi éloignez que le Ciel
l'est de la terre, s'approchassent de
si prés, qu'il ne tenoit qu'à une façon de parler qu'ils ne fussent les
meilleurs amis du monde.

J'oubliois de vous dire qu'ils s'en-
tretenoient dans une disposition
d'esprit, & d'une maniere bien differente de la nostre. Car au lieu que
nous parlons icy à dessein de nous
instruire & resolus de changer de
sentiment, si on nous en propose de
meilleurs que ceux que nous avons
embrassez, n'employant pour cela
que nostre raison, sans nous soucier
de ce que disent les autres hommes.
Ceux-là au contraire témoignoient
vouloir mourir dans les opinions
dont ils ont esté imbus dés le ber-
ceau, quelque chose qu'on leur pust
dire, & ne travaillant qu'à se convaincre les uns les autres, se ser-
voient uniquement pour cela de l'authorité des exemples & des livres,

fans admettre aucunement la raifon.
En forte que celuy qui en alleguoit
davantage, triomphoit comme s'il
euft efté le plus habile.

Comme ils fe tourmentoient plus
pour expliquer la penfée d'un Autheur que la leur propre, on euft dit
que dans cette importante difpute,
il s'agiffoit de fçavoir non pas ce
qu'il faut penfer de jufte fur ce qui
en eftoit le fujet, mais ce que l'on
en a penfé il y a plufieurs fiecles : Et
ce que je trouvois de plaifant c'eft
que le témoignage d'un feul homme contraire à leur fentiment, les
faifoit demeurer auffi court que fi on
leur euft coupé la parole. Voicy ce
que j'ay penfé là-deffus. Que la
fcience vulgaire eft une fcience de
mots qui confifte toute dans certaines manieres de parler. Que quand
le oüy & le non fe rencontrent dans
les difcours de ceux qui en font profeffion, ils croyent qu'ils fe trouvent
auffi dans leur efprit ; Qu'ils peuvent
eftre oppofez de fentiment, fans le

sçavoir, pourveu que cette oppofition ne foit point formelle dans les
phrafes dont ils fe fervent, de mefme qu'ils s'imaginent eftre oppofez
dans la penfée, quoy qu'ils ne le
foient point du tout, fi leurs mots
emportent quelque oppofition veritable ou apparente : que le plus fouvent c'eft l'intereft & la paffion qui
les accordent & les divifent : qu'ils
fe font un point d'honneur de n'a-
voir pas le démenty de ce qu'ils ont
une fois avancé ; fur tout, quand
c'eft publiquement ; & que ne travaillant dans leurs études qu'à fe
fortifier dans ce qu'ils ont appris de
leurs nourrices, de leurs peres &
meres & de leurs maiftres, leur ini-
mitié & leur divifion ne viennent
point de la differente maniere dont
ils connoiffent les chofes, mais du
prejugé, de la coutume, de l'intereft, de l'exemple ; En un mot, qu'il
y a lieu de douter fi les plus grandes
guerres qui font entr'eux ne font
point pour l'Elephant blanc.

Cependant

Cependant, nous autres femmes qui n'avons point de lumieres dans ces difputes, foit parce que l'on ne fçauroit y en avoir, foit parce qu'on ne nous en donne point, ou que l'on nous dit que nous n'y en avons pas, nous ne laiffons pas de les regarder comme importantes, nous en faifons noftre affaire, nous prenons party felon que le hazard avec le zele nous y détermine, nous nous y intereffons autant que ceux mefmes qui les excitent, nous fuivons les mouvemens qu'ils nous infpirent, & fouvent nous devenons la victime de l'Idole des fçavans qui s'engraiffent & fe font la guerre à nos defpens.

Puis donc que nous avons tant de motifs & fi puiffans, de nous défier de l'imagination d'autruy : puifque les fiecles & les royaumes font partagez d'opinions, que dans un mefme eftat, ceux qui paffent pour habiles, les Philofophes, les Directeurs, les Cafuiftes, les Docteurs

S

font fi oppofez les uns aux autres ;
puifque non feulement il y a plufieurs fectes differentes, mais encore
que dans une mefme fecte , un mefme fentiment fe diverfifie en autant
de façons qu'il y a de gens qui le
foûtiennent ; Enfin puifqu'il y a
en toutes chofes autant de fentimens
que de teftes & de bouches ; je conclus qu'il faut eftre ennemy de la
verité , & dépourvû de raifon , pour
ne pas employer celle-cy à chercher
l'autre , en la maniere que Stafimaque me le confeillera.

Certainement , dit Sophie , vos
reflexions & voftre recit ne le dé-
couragerent point : mais je voudrois
bien fçavoir fa penfée fur voftre
fonge.

Pour moy , répondit Stafimaque,
quoique je n'ajoûte point de foy aux
fonges , parce que je les regarde
comme des effets naturels de noftre
imagination , je ne laiffe pas de croire qu'ils peuvent quelquefois avoir
rapport , non feulement avec le

temperamment des perfonnes , avec
leurs affaires , & avec mille circonftances de la vie ; mais auffi avec le
futur , quand il a connexion avec le
paffé. C'eft pourquoy comme il y
a une tres-grande liaifon entre ce
que nous avons dit dans nos premiers entretiens , & ce qui doit faire
le fujet de celuy-cy ; je ne m'étonne
pas qu'Eulalie ait vû en fonge ce
qui doit luy arriver aujourd'huy.

Dois- je aujourd'huy trouver un
Threfor , demanda Eulalie.

Oüi , répondit-il , vous en devez
découvrir un , fans lequel tous les autres font inutiles ou pernicieux.

Ce fe ra donc par voftre moyen ,
repartit Eulalie ; Car je me fouviens
prefentement que vous avez l'air de
celuy qui ouvrit la terre par ordre
de cette belle Dame.

Si cela eft , dit Timandre , je croirois que cette Dame eft ma coufine ,
qui a mandé Stafimaque , & que
fa maifon eft le lieu où fe doit faire
cette heureufe découverte.

Sophie est une personne si rare & si accomplie, reprit Eulalie, & elle a tant de bonté pour moy, que je n'aurois pas de peine à croire qu'elle se fust presentée à moy en songe.

Pour ce qui est du Thresor, reprit Stasimaque, il se trouve à la verité par tout où est Sophie ; mais on peut dire aussi qu'Eulalie en est un, & qu'elle en a un en elle mesme, comme le reste des hommes.

Ce Thresor est une bibliotheque portative, que nous avons tous en nostre personne , & dans lequel il n'y a rien que de bon & de vray pour ceux qui en ont la clef & qui en sçavent user. C'est le Thresor de la science & de la sagesse, qui consiste en la connoissance de soy-mesme.

Sophie prévoyant que cette conversation seroit un peu longue & tres-importante , donna ordre à ses gens de ne laisser entrer personne ; & pour estre plus en repos elle mena la compagnie dans le pavillon du

jardin où l'on avoit paffé l'autre fois
la meilleure partie du jour.

Chacun ayant pris fa place , Eulalie vous a fatisfait , dit-elle à Stafimaque , ou pour mieux dire , vous
vous eftes fatisfait vous-mefmes fur
les trois queftions que luy avez propofées , il eft jufte que vous répon-
diez pofitivement à la priere qu'elle
vous a faite.

Puifque vous le voulez , repartit
Stafimaque , & que j'y fuis engagé ,
je vous diray que dans l'eftat où
j'ay lieu de croire qu'eft prefentement Eulalie , je la dois confiderer
comme une Princeffe opulente qui
a un Threfor immenfe où font en
confufion quantité de Medailles &
de pieces differentes ; & qui aprés
avoir ofté celles qui ne font pas de
bon alloy , veut feparer toutes les
autres , & les rapporter chacune à
fon efpece particuliere.

C'eft en effet , ajoûta-t-il , en s'a-
dreffant à Eulalie , tout ce que vous
avez à faire ; & le confeil que vous

me demandez, ne regarde du tout,
que l'ordre que vous avez à mettre
entre vos penſées. Car il faut que
vous ſçachiez que dans l'âge où
vous eſtes, on ne peut preſque plus
rien vous apprendre de nouveau,
ayant les principales idées qu'il faut
avoir ſur les objets des ſciences que
vous recherchez. Vous avez l'idée
d'un Dieu, ſur laquelle la Theologie eſt fondée ; vous avez celle de
vous meſmes, de vos penſées, de
vos paroles & de vos actions, qui
ſont l'objet de la Metaphyſique, de
la Phyſique, de la Medecine, de la
Grammaire & de l'Eloquence ; &
ſi vous joignez à ces idées, celles
que vous avez de la ſocieté civile,
vous y trouverez les fondemens de
la Morale, de la Juriſprudence &
de l'hiſtoire.

Or nos penſées pour faire un corps
de ſcience, doivent eſtre diſpoſées
dans un certain arrangement : de
ſorte que l'on peut définir les ſciences, des amas reguliers de pluſieurs

penſées ſur un meſme objet. Mais
il eſt tres - important de remarquer
qu'il y a entre toutes les ſciences ,
un rapport & une dépendance neceſſaire ſemblable à peu prés à celle
qui ſe trouve entre les divers mem-
bres du corps humain ; Et il eſt de
telle conſequence de connoiſtre ce
rapport pour la conduite de l'eſprit
dans le cours de nos études , que
c'eſt de là qu'en dépend tout le progrez ; que c'eſt faute d'avoir obſervé cette liaiſon que la methode vulgaire eſt ſi defectueuſe & ſi ſterile ,
& que les connoiſſances où elle
conduit , ſont non ſeulement peu
utiles , mais meſmes pernicieuſes
pour la perfection de l'Eſprit , &
pour le bon-heur de la vie.

Il vous ſera aiſé , de comprendre
cette Encyclopedie , c'eſt à dire en-
chaînement des ſciences , ſi vous
vous ſouvenez que toutes les fois
qu'eſtant ſur une montagne ou bien
au milieu d'une plaine , vous avez
regardé autour de vous , il vous a

femblé que tout ce que vous décou-
vriez de la nature formoit une efpece de Cercle & d'Hemifphere dont
le centre eftoit juftement à l'endroit
où vous vous trouviez fituée.

Cela m'eft arrivé cent fois, dit
Eulalie.

Croiriez-vous, continua Stafimaque, que nous avons en effet un
rapport pareil à celuy-là avec toutes
les chofes qui nous environnent:
Elles font autour de nous differens
cercles de differente grandeur, dont
les uns font plus prés de nous &
plus petits, & les autres plus éloignez & plus grands; En forte que
les actions des objets fur nous, font
comme autant de lignes portées de
la circonference au centre; & toutes
nos actions fur ces objets, font
comme d'autres lignes qui partent
du centre, & font pouffées jufques
à la circonference du Cercle.

Obfervez encore, je vous prie,
qu'il faut que les objets ayent déja
fait quelque impreffion fur nous,
avant

Toutes les fciences font com-prifes dans celle de nous-mef-mes.

avant que nous songions à les connoiſtre & à les rechercher.

Cela eſt conſtant, interrompit
Timandre. Un ſourd ne s'aviſera
jamais de penſer à ce que c'eſt que
le ſon, ny un aveugle né à ce que
c'eſt que la lumiere.

Or, reprit Staſimaque, cette impreſſion eſt comme un avis que les
choſes meſmes nous donnent, &
qui nous tire hors de nous : Et ce
que nous cherchons, c'eſt d'en
avoir une connoiſſance parfaitte,
qui conſiſte uniquement à ſçavoir
ce qu'il y a au dehors, qui répond
à ce que nous appercevons au dedans de nous meſmes. Mais ne
pouvant pas penetrer les choſes par
une preſence réelle & interieure,
nous ne devons ny ſouhaitter ny eſperer d'acquerir par noſtre recherche, que de ſçavoir d'où & comment nous viennent les penſées, les
images, les idées qui ſe preſentent
à l'eſprit, avec les émotions qui les
peuvent accompagner.

T

Vous n'ignorez pas qu'il ne se passe rien entre noftre esprit & tout ce qui nous entoure, que le corps n'y ait quelque part : il eft comme le Truchement qui entretient le commerce entre nous & la nature ; en un mot il eft le canal & l'inftrument de toutes nos connoiffances & de toutes nos actions.

Cela eft trop fenfible, dit Sophie, pour y avoir difficulté.

Faites encore reflexion, s'il vous plaift, pourfuivit Stafimaque, que les diverfes fciences ne font que pour regler en differentes manieres nos penfées & nos actions fur les mefmes objets. La Logique, par exemple, qui eft l'art de penfer, nous apprend à bien conduire noftre efprit pour bien connoiftre quelque objet que ce foit. La Metaphyfique nous marque les notions generales que nous avons fur toute forte de chofes ; & la Phyfique nous en marque toutes les notions particulieres, confiderant ces chofes indépendemment de l'inſtitution des hommes. La Theologie ou la ſcien-ce de la Religion, la Juriſprudence & la Morale nous preſcrivent l'u-ſage que nous en devons faire ſelon les loix divines & humaines. Enfin la Grammaire & l'Eloquence, nous donnent des preceptes, l'une pour declarer ſimplement ce que nous penſons des choſes, & l'autre pour le declarer avec ornement, dans le deſſein de perſuader.

Suppoſé pour fondement ce que je viens d'avancer, voyons ce que nous en devons conclure pour nôtre deſſein. Par où faut-il commencer nos études ? Eſt-ce par la Morale, par l'Eloquence ou par l'hiſtoire ? Il eſt viſible que ce ſeroit s'y pren-dre mal. Puiſque toutes les ſciences ſe reduiſent à bien penſer, à bien faire, & à bien parler, il eſt indubi-table qu'il faut commencer par celle qui nous apprend comment nous penſons, comment nous parlons & comment nous agiſſons, en un mot

Il faut commencer à étudier par la ſcience de nous-méſ-mes.

T ij

par celle qui nous apprend à nous connoiftre nous-mefmes.

Il me femble en effet, dit Sophie, que cette fcience comprend toutes les autres. Nous ne pouvons bien fçavoir comment nous penfons, que nous ne fçachions auparavant ce que nous fommes ; & je croy que nous ne pouvons bien fçavoir ce que nous fommes, que nous ne fçachions en mefme temps de quelle maniere nous agiffons, & comment nous devons agir.

L'opinion de Stafimaque, reprit Timandre, me paroit d'autant mieux fondée qu'elle eft entierement conforme au fentiment des Anciens Philofophes qui ne recommandoient rien davantage à leurs difciples que de s'étudier & de fe connoiftre eux - mefmes. C'eft de là qu'eft venuë cette maxime fi celebre, *connoiffez vous vous - mefme* qu'ils avoient fait mettre fur le frontifpice du plus fameux Temple du monde qui eftoit celuy de la Diane

d'Ephefe, comme s'ils euffent voulu
avertir par cette infcription que les
hommes ne fçauroient rien demander au Ciel qui leur foit plus important.

Cette maxime, dit Eulalie, eft
encore en vigueur, & dans la bouche de tout le monde ; n'y ayant
rien de plus ordinaire que de dire
de ceux qui pechent par préfom-
ption ou par pareffe, qu'ils ne fe
connoiffent pas eux - mefmes. Et
comme le monde fera eternellement fujet à ces défauts, je penfe
que le precepte qui ferviroit à les
guerir, durera auffi eternellement.
Mais ce qui me convainc abfolument qu'il eft veritable ; outre l'approbation des Philofophes, c'eft
que je ne puis refufer d'y confentir.
Car enfin, s'il y a quelque chofe
qu'il nous importe de connoiftre,
c'eft nous-mefmes ; & il eft vifible
que dans l'ordre de nos connoiffances, ce qui eft en nous en eftant
plus prés doit par confequent prece-

der ce qui en eſt plus éloigné.

Cependant, reprit Staſimaque, ce qui devroit nous engager à cette connoiſſance, eſt-ce qui nous en éloigne. Vous ſçavez que c'eſt l'ordinaire, que l'on neglige les choſes que l'on poſſede, ou que l'on croit poſſeder, & que l'on s'empreſſe pour ſe rendre maiſtre de ce que l'on ne poſſede pas, dans la penſée qu'il eſt meilleur & plus excellent.

En effet, dit Timandre, nous nous imaginons ſçavoir naturellement noſtre famille & noſtre genealogie, & nous la negligeons pour nous appliquer aux genealogies étrangeres. Il en eſt de meſme des hiſtoires. Nous étudions celles des anciens ou de nos voiſins, & nous ne ſongeons preſque point à la noſtre. Nous ſommes plus curieux de ce qui ſe paſſe dans les Provinces éloignées, que de ce qui ſe fait au lieu où nous ſommes.

Et ſouvent meſmes, ajoûta Sophie, les hommes quittent leur pa-

trie, pour aller au bout du monde :
& quand ils y retournent, ils y font
plus étrangers que les étrangers mé-
mes qui y viennent la premiere fois.

Ne pourroit-on point trouver
quelque raifon précife de cét égare-
ment, demanda Eulalie.

Il y en a plufieurs, répondit Stafimaque. Et je croy avoir marqué la
principale, en parlant de l'origine
de nos erreurs.

Je m'en fouviens, dit Timandre.
Vous nous fîtes remarquer que le
commerce de l'efprit avec les chofes
exterieures, le tire tellement hors
de luy-mefme, qu'il n'a pas le loifir
ny la penfée d'y rentrer ; & que le
befoin continuel où il fe trouve de
ces mefmes chofes pour la confervation du corps, l'y attache & l'oc-
cupe fi fort qu'il oublie mefme ce
qu'il eft.

La difficulté de nous renfermer
dans nous-mefmes, dit Stafimaque, vient encore de ce qu'il faut
pour cela nous reduire dans une ef-

pece de folitude qui nous paroiſt
d'autant plus affreuſe, que nous n'y
voyons & n'y ſentons que nous;
nous ne nous y entretenons que de
nous, & avec nous, nos idées y ſont
froides & languiſſantes, nos eſpe-
rances n'y ſont point flattées, &
l'ame n'y reſſent point l'agitation
& le plaiſir que luy donne la conſi-
deration des autres choſes qui ſont
les objets de ſes paſſions.

Ne pourroit-on pas dire auſſi,
demanda Eulalie, que l'exemple y
contribuë beaucoup; & que les
hommes avec qui nous vivons &
qui nous inſtruiſent, ne parlant &
ne s'occupant que des choſes exterieures, nous nous portons à les
imiter en cela comme en tout le
reſte.

Cela eſt tres-vray, répondit Staſimaque : mais à mon ſens, une des
cauſes les plus ordinaires de cét éloignement de nous-meſmes, c'eſt la
conformité qui eſt entre nous &
nos ſemblables, car nous imaginant

les bien connoiſtre , parce que nous
en connoiſſons le viſage & le dehors, nous nous figurons auſſi que
nous nous connoiſſons encore plus
parfaitement. Cependant par une
de ces contradictions dont Eulalie
nous parloit tantoſt, quand on vient
au particulier , & que l'on parle de
la neceſſité de ſe connoiſtre ſoy-
meſme , on s'écrie que c'eſt une
mer à boire ; que l'on n'aura jamais
fait ; que l'homme eſt caché à luy-
meſme , qu'il y a mille replis dans
ſon cœur qu'il ne ſçauroit develop-
per ; & entaſſant ainſi mille manieres de parler répanduës parmy le
peuple, on ſe fait un monſtre du-
quel on s'épouvente vainement.

N'y auroit-il point en cela du
préjugé, dit Eulalie.

Il n'en faut point douter, repartit
Staſimaque. Nous en avons ſur
preſque toutes les choſes du monde :
mais nous en avons encore plus ſur
nous - meſmes. Comme nous en
ſommes les Autheurs , nous en ſom-

mes auſſi le Theatre & la victime;
& en ce qui nous regarde de plus
prés, nous nous immolons, pour
ainſi dire, à nos phantômes. Je dis
bien davantage. A conſiderer toutes les opinions bizarres & ridicules
que nous avons ſur nous meſmes,
nous ne ſommes que des chimeres,
des phantômes & des Spectres;
nous nous attribuons mille choſes
que nous n'avons pas; nous ſepa-
rons de nous ce qui nous eſt eſſen-
tiel; & de la plus belle creature que
nous ſommes, nous nous deſigurons
nous-meſmes d'une maniere ſi hi-
deuſe que nous ſommes horribles à
nos propres yeux, & avons peur de
nous voir. Enfin quoy que nous
ſoyons d'une certaine façon; que la
nature nous le faſſe ſentir, & qu'elle
reclame ſans ceſſe contre nos imaginations, nous voulons eſtre de la
maniere que l'on nous dit que nous
ſommes: & ſi l'on nous demande
pourquoy nous diſons que nous
ſommes faits de la ſorte, nous nous

contentons de répondre que cela
eſt, parce que tels & tels gens nous
l'ont dit.

Ce qui me fait conjecturer, reprit
Sophie, qu'il y a de la prévention
en cette matiere, c'eſt qu'il eſt contre la vray-ſemblance que l'homme
qui connoit les autres hommes, &
tout ce qui eſt dans la nature, ſoit
incapable de ſe connoiſtre ſoy-meſme. Pour marque indubitable que
nous le pouvons, c'eſt que nous ne
parlons que de nous ; non ſeulement nous rapportons tout à nous ,
en nous conſiderant comme la fin
& le centre de toutes choſes , nous
ſommes encore le ſujet de toutes
nos converſations. On s'entretient
du corps ou de l'eſprit, de la maladie, de la ſanté, du bon-heur, du
malheur, du vice, de la vertu, des
ſexes, des temperammens, des habitudes, des plaiſirs ; de ce qui s'eſt
fait autrefois, de ce qui ſe fait preſentement & de ce qui ſe pourra
faire. Or il me ſemble que ſi nous

ne connoiſſions rien de nous - meſmes , nous ne pourrions pas en parler ſi continuellement : & ſi nous
pouvons en dire tant de choſ. s , par
les ſeules lumieres de la nature ,
nous en dirions bien davantage en
y joignant celles de la Philoſophie.

Mais je croy , ajoûta-t-elle , que
l'on pourra établir quelque choſe de
plus certain , quand Stoſimaque
nous aura dit en quoy il fait conſi-
ſter cette connoiſſance.

En quoy
conſiſte la
ſcience de
nous-meſ-
mes. Et
qu'elle eſt
ires-facile.

Nous pouvons aſſurer , dit Staſimaque , que nous nous connoiſſons
nous - meſmes autant qu'il eſt neceſſaire pour noſtre conduite , ſoit
dans les ſciences , ſoit dans les
mœurs , quand nous ſçavons qu'elle
eſt la nature & la difference des
principes dont nous ſommes com-
poſez : ce que c'eſt que le Corps
& l'Eſprit ; ce que ces deux parties
ont de particulier & de commun ;
ſi elles n'en ſont qu'une réellement,
ou ſi elles ſont veritablement diſtin-
guées , comment elles ſont unies

enfemble, & quelles font les loix, les effets & les fuittes de leur union.

Mais comme prefque toutes les actions de l'efprit, dont le nombre eft fort limité, dépendent de l'affiftance du corps, il eft abfolument neceffaire de connoiftre comment il y contribuë. Il n'eft pas befoin pour cela d'avoir une exacte connoiffance de l'Anatomie, ny de fçavoir le nombre, la figure, la fituation & l'ufage d'une infinité de parties du Corps, & encore moins toutes les alterations dont elles font fufceptibles : C'eft affez de connoiftre en gros la fabrique, avec les fonctions ordinaires des principales parties, par exemple, des yeux, des oreilles, du nez, de la bouche, de l'eftomac, des inteftins, des poumons, du cœur, des veines, des arteres, du cerveau, des nerfs & des mufcles.

Il faut fçavoir comment fe font la refpiration, la digeftion des alimens, leur changement en fang, celuy du fang en efprits, en chair, en os, ou plûtoft, comment fe forme, fe meut & fe change le fang pour la nourriture, pour l'accroiffement, pour la generation, pour le fentiment & pour le mouvement ; Ce que c'eft que la veille, le fommeil, le réve, la maladie, la fanté, la vie, la mort :

Comment s'excitent en nous les fentimens exterieurs comme la veuë, l'ouye, l'odorat, le gouft, le toucher, & les fentimens exterieurs, comme la faim, la foif, les appetis naturels & les paffions. En un mot il fuffit de connoiftre de la part du Corps, comment il contribuë au mouvement & au fentiment, pour entretenir fon union avec l'Efprit.

Il n'y a pas d'apparence, dit Timandre, que cette fcience, qui felon vous comprend toutes les autres, foit renfermée en fi peu de chofes, ou bien il faut que celles dont vous avez fait le dénombrement, en comprennent une infinité d'autres, tres-difficiles à connoître.

Pardonnez-moy, répondit Stasimaque, si je vous dis que voftre é-tonnement eft femblable à celuy d'un homme, qui n'ayant pas enco-re appris l'ufage de l'Alphabet, & confiderant cette quantité de mots, de livres & de langues differentes qu'il y a au monde, auroit de la peine à comprendre que vingt-deux ou vingt-trois caracteres fuffent ca-pables de produire une varieté fi prodigieufe. Il y a mefme davanta-ge : car l'affemblage des mots eftant arbitraire, on peut connoiftre les caracteres dont ils font compofez, fans fçavoir pour cela ny les mots ny les langues. Au lieu que les pen-fées fondamentales de la connoif-fance dont nous parlons n'eftant point dépendantes du caprice des hommes, les autres penfées ne le font point non plus, eftant fondées fur celles-là. De forte qu'un hom-me qui fçait ce que je viens de mar-quer, peut dire qu'encore qu'il ne fçache pas tout le détail de nos actions, il est neanmoins en estat de le connoistre dans l'occasion ; de juger de tout ce qui nous concerne, & de voir si les autres ne se trompent point.

Ce qui fait, dit Sophie, que je n'ay nulle peine à entrer dans cette pensée, c'est que je me souviens que ceux qui sçavent mieux les choses, sont ceux qui en parlent moins ; ils sont brefs & decisifs, & ils signifient plus en quatre mots que les autres ne font en vingt.

Cela se remarque dans toutes les sciences, reprit Stasimaque, où les habiles qui vont droit au point, prennent necessairement le plus court ; au lieu que les autres qui ne le sçavent pas, ne font que caracoler, pour ainsi dire.

Vous marquez en passant, dit Timandre, l'origine des longs discours & des gros volumes, dont le nombre épouvante ceux qui croyent que la lecture en est necessaire pour devenir sçavant.

Il

Il y a quelques livres de necessai-res, repartit Stasimaque, mais il y en a encore plus qui sont inutiles, & il y en auroit encore davantage, si les hommes se pouvoient resoudre à se renfermer dans eux-mesmes, & qu'ils eussent la clef de la bibliothe-que qu'ils portent. Or cette clef c'est leur raison, dont le principal usage va à considerer une bonne fois en sa vie ce que l'on sent, & à ne rien ad-mettre que de clair, & dont on n'ait quelque idée.

Si vous vouliez recommencer cette étude, demanda Eulalie, ou bien y conduire une personne qui s'y voudroit mettre, comment vous y prendriez vous?

Je m'en vas vous le dire, répon-dit Stasimaque, & cela servira en-core à vous faire connoistre la faci-lité d'y reüssir. Dans l'étude que j'ay faite des sciences les plus impor-tantes, comme de la Theologie & de la Morale, j'ay observé que la source des difficultez, & des erreurs

L'ordre qu'on peut garder dans l'étude de soy-mesme.

V

en ce qui n'eft pas purement hiftori-
que & de fait, vient de ce que l'on
ignore comment l'efprit eft touché
de toutes les chofes, comment il les
apperçoit & les confidere, en un
mot, comment il fouffre & agit. Et
cette ignorance vient principalement de ce que l'on ne fçait pas exactement de quelle façon le corps
luy fert d'organe ; d'où il arrive par
une fuitte infaillible, que l'on ignore & l'ufage de la parole qui eft le
canal des fciences & l'interprete des
efprits entr'eux ; & l'ufage que nous
pouvons faire de tout ce qui nous
environne. Pour remedier à ces in-
conveniens je voudrois m'appliquer
d'abord à l'étude du corps humain,
comme la plus fenfible & la plus ai-
fée.

J'aurois cru le contraire, dit Timandre, & qu'il feroit plus facile de
commencer par l'étude de l'efprit.
Car s'il eft plus facile à l'homme de
fe connoiftre foy-mefme, & ce qui
eft prés de luy, que ce qui en eft

éloigné ; il femble par la mefme raifon que l'efprit fe connoiftroit
mieux qu'il ne connoiftroit le corps.

Ce que vous dites eft vray, reprit Stafimaque , pourvu que l'on
prenne le corps & l'efprit feparé-
ment. Mais les confiderant dans
l'eftat de leur union & de leur dépendance , pour nous tirer avec moins
de peine des embarras où les préjugez nous ont jetté à cét égard , je
fuis perfuadé que la connoiffance du
corps doit preceder celle de l'efprit.
Or pour connoiftre la ftructure du
corps & de fes organes avec leurs
fonctions , il ne faut que les regarder avec ordre & fans prevention ,
n'admettant rien que les fens ne
nous le faffent découvrir ; & ne fup-
pofant en cela comme dans toutes
les chofes corporelles que cinq principes de premiere lumiere & connus
de tout le monde , fçavoir la matiere
ou ce qui eft étendu , la figure , la fituation , le mouvement & le repos
de chaque partie.

V ij

Il n'y a qu'une chose que les sens ne nous peuvent montrer dans le corps humain ; c'est une matiere subtile que l'on appelle esprits animaux, qui sont de petites particules de sang fort agitées, lesquelles estant portées au cerveau, & de là répanduës dans les muscles par les nerfs donnent le sentiment & le mouvement à nostre corps.

Mais on n'a point de peine à comprendre qu'il puisse y avoir une matiere de cette nature, quoyque les sens ne la fassent pas découvrir, pourvû que l'on observe qu'il est impossible sans cela d'expliquer les mouvemens ausquels elle sert, & que les corps peuvent estre reduits par la division à une petitesse si grande, qu'ils deviennent imperceptibles à nos sens, lesquels estant d'une grosseur déterminée ne peuvent pas estre ébranlez par toute sorte d'objets.

On ne peut douter, dit Eulalie, qu'il y ait quelque chose d'assez pe-

cit pour ne pas faire d'impreſſion ſur
nous, ſi l'on ſe ſouvient qu'en regardant les endroits où donnent les
rayons du *Soleil* par quelque ouver-
ture, l'on y voit une petite pouſſie-
re, dont les parties ſont de differente groſſeur, & que l'on n'auroit jamais cru ſans cela, eſtre répanduë
en l'air, lorſque le temps eſt ſe-
rain.

Aprés avoir ainſi conſideré ce
qu'il y a de la part du corps humain,
il faut paſſer à l'eſprit, dont il me
ſemble que la connoiſſance eſt d'autant plus facile, que les ſens n'y ſervent de rien. Il faut meſme fermer
les yeux & les oreilles à tout ce qui
nous pourroit diſtraire ; & il eſt viſible que nous conſultant alors nous-
meſmes, l'eſprit peut aiſément découvrir s'il eſt le corps qu'il a connu,
ou s'il en eſt diſtingué, & s'il eſt capable d'autre choſe que de penſer,
c'eſt à dire de connoiſtre en pluſieurs
manieres, de ſe déterminer ſuivant
ſes connoiſſances, & de donner oc-

cafion au corps de fe mouvoir en plufieurs façons.

Sans vous prevenir fur cette matiere qu'il faut que vous examiniez vous mefme, ajoûta-t-il en s'adreffant à Eulalie, je vous diray que toutes les fois que je compare mon efprit avec mon corps, il me paroift qu'il ne fe paffe rien en nous qui ne puiffe fervir à en démontrer la diftinction, & que, foit que l'efprit s'apperçoive de quelque chofe par le miniftere des fens, ou qu'il fe ferve du corps à quelque action, il peut remarquer qu'il en eft auffi different que des inftrumens étrangers qu'il emploieroit au mefme ufage, finon qu'il employe immediatement le corps & qu'il ne s'en peut feparer, au lieu qu'il fe peut feparer des autres, & qu'il n'en ufe que par l'entremife du fien.

Je croy, dit Timandre, que vous pourriez encore ajoûter une reflexion à celles-là : c'eft que nous fçavons bien comment nous pouvons nous servir d'une plume, par exemple, pour produire tous ses effets, au lieu que nous sçavons simplement que nous usons de nostre corps, sans sçavoir comment cela se fait.

On pourroit apporter mille reflexions de cette nature, reprit Stasimaque, pour prouver une chose dont je ne parle qu'en passant, afin de donner occasion à Eulalie d'y penser. Car il faut qu'elle ait la peine de penetrer elle-mesme toutes ces veritez pour avoir le plaisir de les posseder parfaitement.

Pour ce qui est des operations de l'Esprit, continua-t-il, elles sont en plus petit nombre & plus simples que celles du corps, & d'autant plus aisées à connoistre, que pouvant toutes se faire sur presque tous les objets qui touchent l'esprit, il n'y a presque rien qui ne puisse servir à les découvrir : Et pour mieux reüssir dans cette découverte, elle doit estre precedée d'un autre où l'experience continuelle de la vie nous conduit, qui est que l'esprit est indifferent à toutes sortes de pensées, & qu'il passe de l'une à l'autre selon qu'il y est determiné. Ainsi quand un objet se fait appercevoir par l'entremise des sens, cela s'appelle sentir. Si c'est par les yeux, c'est voir; si c'est par les oreilles, c'est oüir.

Quand nous nous representons un objet sous quelque image corporelle, comme un Lion, un Palais, c'est imaginer. Et lorsqu'un objet se presente une seconde fois à l'Esprit, & qu'il remarque qu'il y a déja pensé, c'est se ressouvenir. Le jugement qui est la seconde operation de l'esprit, & qui suppose la premiere, c'est une action par laquelle nous attribuons à une chose ce que nous voyons qui luy convient, ou nous en separons, ce qui nous paroist ne luy pas convenir. Et le raisonnemens, c'est lorsque nous formons un troisiéme jugement sur deux autres. Y a-t-il la tant de mystere?

Nullement, répondit Eulalie. Il
n'y

n'y a , comme vous dites , qu'à faire
reflexion , fur ce que nous faifons ,
pour le connoiftre. Et je voy bien
prefentement que je n'auray befoin
que d'attention , pour fçavoir, par
exemple , ce que c'eft que douter , fe
refoudre, vouloir, avoir faim, & foif,
fentir de la douleur & du plaifir. Et
cela acheve de me perfuader , de ce
que vous prouvez dans le livre de
l'Egalité , qu'il n'eft pas fi mal-aifé
de devenir Philofophe que Tapif-
fier.

Quand vous y travaillerez tout de
bon , repartit Stafimaque , vous le
verrez encore mieux. Pour revenir,
vous croyez peuteftre qu'il y a beaucoup de difficulté à fçavoir comment nous fentons. Cependant il n'y
en a aucune pour ceux qui ont une
fois bien compris le rapport qu'il y
a entre le cerveau & les autres parties du corps , par le moyen des
nerfs qui font comme de petits cor-
dons , qui fe continuënt depuis les
extremitez jufques à un certain en-

X

droit de la teste, ou est porté l'é-
branlement & l'impression qu'ils
reçoivent des objets. Et, ce que vous
auriez de la peine à croire, sçachant
comment se fait un sentiment particulier , par exemple , celuy de la
veuë , vous sçaurez presque comment se font les autres, parce qu'ils
se font tous de la mesme façon , &
que la difference qu'il y a, consiste
dans le plus & dans le moins de de-
licatesse , soit des organes, soit des
objets qui les frappent , joignant à
ceux-cy la diversité des figures &
des mouvemens. De sorte que comme il y a des objets qui se font connoistre par plusieurs sens, on a cét
avantage que sçachant de quelle
maniere nous les appercevons par
les yeux , on sçait déja à demy comment on les peut appercevoir par les
autres organes. Et pour marque
d'une tres-grande facilité dans cette
étude, il suffit d'avoir examiné un
organe, par exemple , celuy de la
veuë, qui est le plus curieux de tous,

pour juger de la difpofition & de la différence des autres.

Ne trouvez-vous pas, luy demanda Sophie, qu'il n'eſt pas trop aiſé debien entendre les paſſions.

Je trouve le contraire, répondit Staſimaque. Car il n'y a qu'à obſerver d'une part, quel intereſt nous prenons dans les objets qui excitent les paſſions, & furquoy eſt fondé cét intereſt tant du corps que de l'eſprit; & de l'autre part, quels font les mouvemens particuliers à chaque paſſion. Or cela ne ſouffre point de difficulté, pour ceux qui prennent garde que l'eſprit eſt uni au corps par une ſocieté ſi étroite, qu'il s'intereſſe dans tout ce qui le concerne; & que ce corps eſt comme une machine faite de telle maniere qu'elle a liaiſon avec tout ce qui l'environne, en ſorte que la plufpart des choſes peuvent ſervir ou nuire à ſa conſervation. Car on ſe porte de ſoy-meſme à conclure de cette obſervation, que le corps doit eftre capable au dehors & au dedans de mouvemens differens, foit pour s'approcher de ce qui luy eft bon, foit pour s'éloigner de ce qui luy peut eftre mauvais.

L'experience nous apprend cela, interrompit Eulalie.

Mais, reprit Stafimaque, comme tous ces mouvemens dépendent de celuy du cœur qui eft le reffort de la machine, & de celuy du fang qui entretient le commerce entre toutes les parties dont elle eft compofée, pour peu que l'on y faffe attention, il eft aifé de reconnoiftre quel doit eftre le mouvement de l'un & de l'autre, par rapport à l'intereft que nous prenons à chaque chofe qui nous touche; & de remarquer les caracteres interieurs & exterieurs à chaque paffion de l'ame.

Cela eft intelligible, reprit Sophie : mais vous m'avoüerez pourtant que cette bizarrerie que nous voyons dans les effets des paffions à quelque chofe d'incomprehenfible.

Je tombe d'accord que cela ne se
comprend pas tout d'un coup, repliqua Stasimaque. Mais on déve-
loppe cette bizarrerie avec un peu
de reflexion & de methode.

On peut remarquer que nos passions ne se trouvent presque jamais
seules, & qu'elles sont toûjours mé-
lées ; que c'est la plus forte qui paroist davantage ; & que ce mélange est un effet du mélange des considerations qui accompagnent celle
qui excite la passion dominante : de
sorte que les passions diverses &
quelquefois opposées qui se rencontrent en mesme temps dans une mesme personne, s'affoiblissant ou se
fortifiant l'une l'autre, & se combat-
tant ou se succedant, doivent faire
naistre en nous mille pensées, mille
desseins, mille troubles, mille mouvemens & mille effets differens.
C'est pourquoy lorsque l'on s'est
une fois formé l'idée des passions
simples, comme sont l'admiration,
l'amour & la haine, la tristesse & la

joye , & le defir , & de quelques
paffions mixtes ou compofées , par
exemple, de l'efperance & de la co-
lere ; pour en connoiftre la confufion & le mélange , foit dans nous
mefmes , foit dans les autres , nous
n'avons qu'à en examiner toutes les
circonftances , comme le temps , le
lieu , l'objet , la difpofition qui les
precede , l'âge , le temperamment ,
le fexe , la condition , la Religion ,
& cent autres confiderations qui
compofent nos principales penfées.
Ce qui demontre clairement que la
fcience de nous mefmes eft plus facile que nous ne nous l'imaginions
tantoft ; & ce qui doit nous confirmer dans cette penfée , c'eft que
nous portons avec nous mefmes , ou
pour mieux dire , nous fommes nous
mefmes le livre où il la faut étudier :
il s'y agit de fçavoir , non pas ce qui
arrive ailleurs en des Provinces éloignées , mais ce qui fe paffe en nous
cent fois le jour ; n'y en ayant pas un
où l'efprit & le corps ne faffent

prefque toutes leurs operations communes & particulieres ; ce que l'on
peut connoiftre fans peine , cette
connoiffance n'eftant proprement
que l'hiftoire de ce que nous reffentons.

Quand il y auroit , dit Sophie ,
plus de difficulté qu'il n'en paroift à
acquerir cette fcience , il me femble
qu'il doit y en avoir encore moins à
la conferver. Car outre qu'elle eft
fondée fur des principes tres-fim-
ples , qui ne font point fujets au
changement, qui ont le mefme commencement, la mefme durée & la
mefme fin que nous mefmes ; il me
femble que toutes nos actions fe
faifant par les mefmes principes, il
n'y en a aucune qui ne puiffe fervir à
nous confirmer dans ce que nous
avons appris d'abord.

Et comme toutes ces actions,
ajoûta Stafimaque , ont entre-elles
un rapport & un enchainement neceffaire , on ne peut bien penfer à
une pour la bien comprendre, que

X iiij

l'on ne penſe en meſme temps à toutes les autres , & à leurs organes.

Prenons pour exemple la premiere action qui ſe fait pour la conſervation de la vie, qui eſt de donner
aux alimens la premiere preparation
qu'ils doivent recevoir dans la bouche , pour ſe changer en noſtre ſubſtance. On ne ſçauroit y ſonger,
que l'on ne ſe ſouvienne en meſme
temps de toutes les fonctions ani-
males. Car le mouvement des dents
& des parties voiſines dépend de celuy des muſcles & des nerfs qui ſe
rempliſſent des eſprits qui y coulent
du cerveau, où ils ont eſté portez
par leur propre agitation qui les a
ſeparés des parties du ſang les plus
groſſieres. On ſe ſouvient en meſme temps que le ſang qui eſt une liqueur chaude & rouge, ſe meut cir-
culairement dans les arteres & dans
les vaines, qu'il ſe forme de ce qu'il
y a de plus ſubtil & de plus delicat
dans les alimens qui ont eſté dige-
rez dans l'eſtomach , où ils ſont

tombez aprés avoir esté preparez
dans la bouche. Je ne vous parle
point de la falive qui fert à delayer
les viandes , & à exciter le gouft par
le moyen de la langue, ny du diſſol-
vant qui fe trouve dans l'eſtomac
pour y cuire ce que l'on a avalé ; ny
enfin du mouvement & des fonctions des endroits par où paſſe la
nourriture & le ſang ; chacune en
particulier ſuppoſant toutes les autres. Comme il eſt des actions de
l'eſprit , de meſmes que de celles du
corps , on peut juger ſi ce qui concerne l'un & l'autre eſt difficile à apprendre & à retenir.

Il y a quantité de gens , dit Timandre , auſquels ce feroit rendre
cette ſcience mépriſable , que de la
leur faire ſi aiſée , la pluſpart du
monde eſtant accoûtumé à juger du
prix des choſes par la peine qu'elles
leur coûtent.

Si j'avois eu à parler en preſence
de perſonnes moins judicieuſes , repartit Staſimaque , il auroit fallu

prendre un autre tour. Cependant cette connoissance, toute facile qu'elle est, ne laisse pas d'estre la plus curieuse & la plus belle.

C'est joindre un paradoxe à un autre, dit Eulalie.

La science de nous mesmes est la plus curieuse.

Neanmoins, continua Stasimaque, il est constant que nous renfermons en nous des miracles qui surpassent de beaucoup ceux que le vulgaire estime le plus, & qui sont si surprenans & si rares qu'il n'y a plus rien de nouveau pour ceux qui les ont penetrez dans toute leur étenduë.

En effet, n'est-ce pas une chose digne d'étonnement, qu'une creature qui peut posseder toute la terre, & dominer non seulement sur les autres animaux, mais mesmes sur ses semblables, se produise de la mesme façon que les arbres & les plantes, & qu'elle ait des commencemens aussi foibles & aussi bas que la plus vile des bestes? Qu'une petite portion de matiere animée selon les loix

du mouvement, puisse estre distri-
buée avec tant de justesse, & trans-
formée d'une maniere si admirable
qu'il en naisse du sang, des veines,
des nerfs, des chairs, des os, un
cœur, un poulmon, une teste, un
estomac, des bras & des jambes;
En un mot un nombre innombrable
d'organes & de parties pour en former le corps humain, capables d'un
nombre encore plus grand de mouvemens, de fonctions, d'alterations
& de changemens; que ces parties
toutes éloignées qu'elles sont & differentes dans leurs figures, & dans
leur situation, soient liées si étroit-
tement, qu'elles contribuent toutes
reciproquement à leur conservation, qu'elles ayent part au bien &
au mal qui leur arrive, qu'elles se
reünissent à une seule qui est le cerveau, pour en recevoir le mouvement, pendant que le cœur leur
donne la vie; qu'elles prennent leur
nourriture & leur accroissement
toutes à la fois; que les alimens s'é-

tant changez en sang par une metamorphose admirable , ce mesme
sang se répande par tout & fournisse
également aux os , aux chairs , aux
pieds , aux mains & à toutes les parties du corps autant que chacne en a
besoin ; ou pour mieux dire , que le
sang par une autre metamorphose ,
passe en la substance de toutes les
parties que nous avons.

Cela seul , dit Timandre , comprend plus de merveilles qu'il n'y en
a dans le reste de la nature : & il est
clair que les animaux , soit de l'air ,
soit de la terre ou de l'eau n'ont
point de perfection que nous
n'ayons au moins en pareil degré;
& qu'il n'y a pas tant de lieu de s'é-
tonner de la production des arbres,
des fruits , des pierres & des métaux
que de la nostre.

On regarde avec admiration les
fontaines qui sortent des monta-
gnes , les rivieres qui coulent sur la
surface de la terre , & la mer qui en
environne le globe. Cependant ces

trois choses n'ont rien qui puisse
estre comparé au sang qui coule
dans nos veines, soit pour la maniere
dont il se forme, soit pour les changemens qu'il souffre, soit pour les
usages ausquels il est destiné.

Que croyez-vous donc, demanda Eulalie, que sont les Astres qui
brillent au Ciel, & le Soleil qui
nous éclaire? Ne les mettez-vous
pas au dessus de l'homme?

Ils y sont en effet, répondit Stasimaque, mais seulement pour la situation. Car au fond ce ne sont que
des amas de matiere subtile & agitée, semblables à la lumiere d'un
flambeau, & qui ne meritent pas,
comme vous le reconnoistrez un
jour, d'estre mis en parallelle, seulement avec les deux yeux qui nous
servent à les voir. Si vous me permettez de vous declarer là-dessus
ma pensée en deux mots; estimer
plus la Terre, le Ciel & les Astres
que l'homme pour lequel on dit
qu'ils ont esté faits, c'est juger du

prix, de la beauté & de l'excellence
des choſes à la toiſe & au poids.

N'a t-on pas lieu, demanda Sophie, d'eſtre ſurpris de voir un mor-
ceau d'aiman s'approcher ou s'éloigner d'un autre aiman ſelon le coſté
qu'on luy preſente ; que quelques
arbres ayent de l'antipathie pour
certains arbres & de la ſympathie
pour d'autres ; & qu'un peu de feu
conſume tant de matiere, dont il ne
reſte que des cendres.

Je vous avouë, repliqua Staſimaque, que cela doit ſurprendre
juſques à ce qu'on ait eu le loiſir
d'en rechercher la cauſe. Cependant il y a bien plus lieu d'admirer
que la vuë d'une choſe peu conſi-
derable, puiſſe faire remuer toute
noſtre Machine, y exciter des paſſions & des troubles ; & que ſans
voir de lumiere ny de feu en nous,
nous nous conſumions nous-meſmes quand les alimens nous manquent, & qu'il reſte ſi peu de choſe
de la grande quantité que nous en
prenons.

Vous ne parlez point, dit Timandre, du rapport ny de la liaison que
nous avons avec tout ce qui est au
monde ; que pour subsister, nous
avons besoin de l'harmonie de tout
l'Univers, dont la destruction seroit
suivie de la nostre ; que le concours
des Elemens nous est necessaire pour
l'entretien de la vie ; la lumiere du
soleil pour en estre éclairez ; l'air
pour respirer, la terre pour en estre
soûtenus ; l'eau pour en estre hu-
mectez ; les fruits pour en estre
nourris ; les animaux pour plusieurs
usages ; les hommes pour en estre
produits & élevez. Il me semble,
ajoûta-t-il, que l'on ne peut penser
sans étonnement, qu'encore que
nous ne soyons qu'un atome à l'é-
gard de cette vaste étenduë qui nous
environne, toute la nature neanmoins puisse entrer en nous par deux
ouvertures aussi petites que sont les
yeux, & se conserver dans une capacité assez grande toute petite
qu'elle est, pour contenir encore

mille mondes s'il y en avoit.

Toutes ces merveilles , repartit Stasimaque , m'étonnent moins que de voir en une mesme creature deux substances comme le corps & l'esprit dont l'opposition est extreme, qu'elles soient unies par un lien indissoluble qui commence & ne finit qu'avec la vie ; que leur union soit si parfaite qu'elle ne se demente jamais , & si étroite , qu'il n'arrive rien au corps à quoy l'esprit ne prenne part.

Ce que je trouve d'admirable dans cette union, dit Sophie , c'est que l'esprit estant comme enveloppé du corps , cependant il n'y ait rien qu'il ne puisse connoistre par son entremise ; que sans estre obligé de se transporter dans les objets qui le frappent , il puisse en faire le discernement dans la confusion où ils se presentent , les envisager par toutes leurs faces , juger de leur grandeur , de leur mouvement , & de toutes leurs qualitez ; qu'il s'éleve

jusques

jufques aux efpaces où l'imagination peut atteindre, qu'il defcende
au fond des abyfmes, qu'il penetre
jufques au centre de la terre, qu'il
aille fans changer de place d'un bout
du monde à l'autre, qu'il rappelle
le paffé, qu'il examine le prefent,
& qu'il puiffe prévoir l'avenir.

Enfin, reprit Stafimaque, ce qui
fait le comble de mon étonnement
& des miracles qui font en nous,
c'eft de confiderer que quand l'Efprit unit fes penfées aux impreffions
du Corps, il fe faffe comme un double monde, l'un fpirituel & ideal,
l'autre groffier & corporel ; qu'il
difpofe de l'Univers comme s'il en
eftoit le maiftre ; qu'il l'étende, le
refferre, le change, & le rétabliffe
comme il luy plait ; que par une
efpece de toute-puiffance, il en forme de nouveaux ; & que par un artifice que nous ne concevrions jamais fi nous n'en voyions l'effet,
nous faiffions fervir l'air à nous communiquer les uns aux autres tout ce

Y

que nous avons dans l'Efprit.

Puifque l'homme eſt ce qu'il y a au monde de plus beau, dit Sophie, il n'eſt pas befoin pour en relever l'excellence de le comparer avec les ouvrages de l'Art, celuy-cy mettant toute ſa perfection à imiter la nature. Et d'ailleurs comme l'Art eſt un des avantages de l'homme, il eſt aifé de juger qu'il ne peut nous rendre aſſez habiles pour produire un effet dont la beauté approche de celle qui nous eſt particuliere.

C'eſt pourquoy, reprit Staſimaque, de quelque maniere que nous nous confiderions, ſoit que nous ayons égard à ce que nous avons reçu de la nature, à ce que nous pouvons, & à ce qui peut nous arriver, ſelon la difference des ſexes, des temperammens, des âges, des exercices, & des climats, nous devons conclure que l'on a eu raiſon de dire que l'homme eſt un monde en abregé, & que ſi c'eſt un petit monde pour l'étenduë, ç'en eſt un tres-grand pour les merveilles.

Il faut que je tire aussi ma con-
clusion , dit Eulalie. Plus vous parlez de la connoissance de nous-mesmes , plus je me persuade qu'elle
doit estre la premiere occupation
d'un Esprit qui veut sçavoir les belles choses.

Vous en serez encore plus persuadée , reprit Stasimaque , lorsque
vous sçaurez qu'elle est la plus importante & la plus étenduë de toutes celles que nous pouvons acquerir. Vous ne doutez point que toutes nos actions tendent à nous rendre heureux. Les uns tâchent d'y
arriver par l'étude , les autres par
l'usage des biens corporels. Mais
pour moy , je tiens qu'il est absolument impossible d'y reüssir avec
une satisfaction pure & entiere,
que nous ne nous renfermions dans
nous - mesmes pour y trouver les
principes & les regles que nous devons suivre. Comme nous nous
entretenons ensemble , ajoûta-t-il ,

*La science
de nous
mesmes est
la plus é-
tenduë &
la plus im-
portante de
toutes.*

Y ij

non pas pour nous entretenir simplement & pour tuer le temps, mais pour apprendre à le bien employer, par des refl xions solides, & par une conduite raisonnable & éclairée ; examinons avec ordre ce que je viens d'avancer.

Travailler à devenir sçavant, selon ce que nous avons dit dans les entretiens précedens, c'est user de sa raison, pour découvrir la verité, & pour se délivrer par ce moyen & se garantir des préjugez & de l'erreur.

Je vous avoüé que je ne conçois pas, non seulement que l'on puisse venir à bout de ce dessein, mais mesmes se former une idée claire & parfaite *de la raison, de la verité, de l'erreur, & de la prevention,* si la consideration de nous - mesmes ne nous la fournit. *La raison* est le pouvoir que l'Esprit a de discerner le vray d'avec le faux, le bien d'avec le mal : *la verité* est la maniere la plus courte, la plus sure & la plus

naturelle de confiderer les chofes ;
la prevention & l'erreur font des
manieres fauffes & mauvaifes de les
confiderer. Vous fçavez que la raifon a toûjours efté perfecutée ; qu'il
y a des gens affez fous pour croire
qu'ils n'en ont point, d'autres affez
tyrans pour vouloir ofter aux autres
ce qu'ils en ont. Chacun prétend
avoir la verité & accufe d'erreur
ceux qui ne penfent pas comme luy.
qui nous donnera donc ces quatre
idées fondamentales ? Comment
apprendrons-nous fi nous avons de
la raifon, ce que c'eft, quelles font
fes bornes, & quel eft fon ufage ?
Comment fçaurons-nous quelle eft
la veritable façon de confiderer les
chofes, fi nous ignorons ce que nous
fommes, comment l'Efprit eft touché des objets, comment & en
combien de manieres il les peut
connoiftre ?

Sçavoir les chofes, pourfuivit-il,
c'eft en avoir des idées claires &
diftinctes. Peut-on former ces idées,

Y iij

qu'en les separant les unes des autres, ny faire cette separation sans
se renfermer dans soy-mesme?

Nullement, répondit Eulalie. Et
ce qui me le fait croire c'est ce que
l'on a accoûtumé de dire, que pour
bien juger des choses, il se faut consulter soy-mesme, & voir ce que
l'on a dans l'esprit.

Il faut dire davantage, reprit Stasimaque. Cette separation, ce discernement dont je vous parle, doit
commencer par nous-mesmes; non
seulement parce que l'ordre de nos
connoissances, veut que celle de
nous-mesmes ait le premier rang
comme la plus facile, mais encore
parce que sans cela, les autres de-
meureront toûjours confuses &
obscures. Vous n'ignorez pas que
quand plusieurs choses qui ont du
rapport s'accompagnent souvent, il
est aisé de prendre l'une pour l'autre. De là vient que la pluspart des
gens confondent l'Ame avec le
Corps, tant à cause de leur proxi-

mité que de la liaison qui eſt e tre
eux , qui fait que l'un n'agit preſque
jamais ſans l'autre. C'eſt pourquoy
je ne doute point que comme les
objets qui entrent tumultuairement
dans l'eſprit , s'y confondent ſouvent , il y en pourroit avoir qui ſe
confondroient avec nous - meſmes.
Auſſi l'experience nous apprend que
les choſes auſquelles nous ſommes
liez par un intereſt particulier ne ſe
preſentent plus à l'eſprit , qu'elles
ne reveillent en meſme temps les
émotions qu'elles y ont cauſées.
Ainſi un enfant reſſent de la joye ,
toutes les fois que ſa nourrice luy
preſente la mammelle , & mille gens
parlent de l'or , des pierreries , & de
pluſieurs choſes de cette nature ,
comme ſi elles eſtoient tres-precieu-
ſes en elles - meſmes , faute d'avoir
obſervé que leur prix eſt un effet
de noſtre volonté & ſouvent de
noſtre caprice ; & tranſportent ainſi
dans les choſes ce qui n'eſt que dans
leur imagination,

Cela me fait voir , interrompit Eulalie, qu'ayant presentement les principales idées des choses , je dois d'abord demesler celles qui m'appartiennent : de mesme que si j'étois une Princesse opulente , pour me servir de vostre comparaison , & qu'ayant dans mes Thresors plusieurs sortes de monnoyes étrangeres confondues avec les miennes, je voulois les mettre toutes à part selon leur coin & leur marque, la prudence voudroit que je commençasse par celles qui auroient la mienne.

L'importance qu'il y a de tenir cette conduite, reprit Stasimaque, vous paroitra encore plus grande, si vous vous souvenez que nous avons dit que nous ne cherchons à nous assurer que de deux choses dans les objets, de l'existence & de l'essence. Vous vous souvenez encore de ce que nous dimes dans nostre troisiéme entretien, que l'ordre qu'il faut tenir pour s'assurer

avec

avec lumiere de l'exiſtence des choſes , veut que nous nous aſſurions
d'abord de ce qui eſt en nous. Il en
eſt de meſme de l'eſſence ou de la
nature des choſes qui n'eſt que la
maniere dont elles exiſtent. L'eſſence du feu , par exemple , que
nous voulons connoiſtre , conſiſte à
ſçavoir quelle eſt la diſpoſition de
ſes parties pour produire les effets
dont nous avons les idées. De ſorte
que la meſme methode qui ſert à
nous rendre certains qu'une choſe
exiſte, ſert auſſi à nous aſſurer qu'elle exiſte de telle maniere , & qu'elle
eſt de telle nature.

Pour bien faire le diſcernement
de chaque choſe , il faut avoir des
notions claires & diſtinctes , *d'eſtre*,
de ſubſtance , *d'accident* , *d'eſprit* ,
d'attribut , *de qualité*. Or comme
ces idées qui ſont les premieres &
les plus generales conviennent à
l'Eſprit , il luy eſt par conſequent
plus facile de les avoir , en les conſiderant ſur ſoy-meſme , comme il a

Z

celle d'une chose qui existe.

Tout cela tend , dit Timandre ; à estre convaincu que pour bien penser sur quelque objet que ce soit , il faut auparavant sçavoir ce que c'est que penser , & en combien de manieres nous pensons , ce qui est proprement connoistre l'esprit de l'homme , & le corps qui en est l'organe. En effet, continua-t-il , il me semble presentement que toutes les differentes sectes qu'il y a eu, en matiere de Philosophie , ne sont venuës que de ce que les Philosophes n'ont pas bien observé ce que souhaitte Stasimaque. Car il me souvient que leur partage vient de la maniere dont chacun a cru que nous connoissons les choses ; & qu'ils sont entrez dans ces manieres diverses , selon les idées qu'ils ont euës de l'esprit & du corps. Ceux qui tiennent que ces deux substances n'en font qu'une, parlent tout autrement que les autres qui pretendent le contraire. Ceux qui s'ima-

ginent que l'esprit n'a point d'idées
qu'il ne les ait reçuës des sens, ont
des opinions differentes de ceux qui
croyent que les sens ne font qu'y
donner simplement occasion. Il y
en a eu qui se font persuadez que
nos conceptions n'estoient que des
mots ; & leurs adversaires les accusent de n'avoir pas assez étudié
l'homme , & d'avoir ignoré ce que
c'est que la parole. Enfin les Car-
tesiens qui suivent une methode
approchante de celle de Stasimaque,
parlent de Dieu , d'eux-mesmes, des
bestes, des astres , & de toutes
choses , d'une autre façon que les
Peripateticiens , c'est à dire les Philosophes de l'Ecole , qui ont une
conduite toute opposée.

De sorte que , dit Eulalie, pour
juger de toutes les sectes, pour sçavoir laquelle est la meilleure , &
pour décider dans les difficultez les
plus considerables , il faut se connoistre soy-mesme.

Cela est necessaire , non seule-

ment en Philosophie, reprit Stasimaque, mais encore en Theologie,
dans les matieres qui ne sont pas
purement historiques & de fait, &
où le raisonnement a lieu, comme
dans la Scholastique où chacun se
sert des principes de la Philosophie
dont il fait profession. Par exemple, peut-on bien juger de la Nature corrompuë, que l'on ne sçache
parfaitement ce que c'est que Nature en nous, ou pour mieux dire,
ce que la Nature nous donne, & ce
que l'éducation, l'exemple & la
coûtume nous inspirent? Peutestre
que l'on parleroit avec plus de justesse des differens Estats de l'homme, comme de celuy que l'on appelle Etat d'Innocence, & de celuy
de pure nature, si l'on s'estoit auparavant bien informé de l'Estat où
nous naissons. Peutestre aussi que
pour dire quelque chose de raisonnable & de clair sur le détail de la
felicité future, il seroit utile de s'appliquer auparavant à connoistre ce

que nous fommes , de quel bon-
heur , & de quels changemens nous
fommes capables, & de quelle façon
nous connoiffons Dieu , icy bas.

Vous croyez donc , luy demanda
Eulalie , que la connoiffance de foy-
mefme contribuë à celle de Dieu.

Elle y fert merveilleufement , répondit Stafimaque , pour eftre affurez par raifon que Dieu eft un
eftre veritable & exiftant , & que
c'eft un eftre de telle nature. En
effet , s'il y a quelque ouvrage au
monde qui puiffe obliger de reconnoiftre une main toute- puiffante ,
ce doit eftre l'homme , lequel , comme vous le fçavez , renferme plus
de beauté & d'artifice que tout ce
que nous connoiffons. Et je doute
fort qu'une perfonne qui feroit convaincuë de la diftinction de l'Ame
& du Corps , confiderant bien leur
union , puft refufer d'admettre une
caufe fuperieure qui les ait jointes
enfemble ; n'eftant pas poffible de
concevoir que cette union foit l'effet

La connoif-
fance de
Dieu eft
fondee far
celle de
nous-mef-
mes.

Z. iij

ny de la volonté de l'Ame, ny de la disposition du Corps, ny d'une rencontre que le hazard auroit faite.

Ne pourroit-on pas dire encore suivant voftre premier principe, luy demanda Sophie, que la raison de noftre exiftence, eft auffi la preuve de l'exiftence de Dieu.

Oüy, repartit Stafimaque. Et cette raifon eft la premiere que je devois apporter. Parce que confultant les idées que nous avons dans l'efprit, aprés avoir levé le doute que nous pourrions former fur nous mefmes, y trouvant l'idée d'un Etre fouverain, qui fe prefente toûjours à un homme attentif, nous avons raifon de conclure que l'efprit infini qu'elle reprefente exifte veritablement. Et comme nous ne connoiffons Dieu, que par la vuë des creatures, il eft aifé de juger, que c'eft la creature qui approche le plus de fon effence, qui nous doit apprendre ce que nous en devons fçavoir.

En effet, reprit Timandre, ce que

les Philofophes ont penſé de la nature Divine, eſt fondé ſur ce qu'ils
ont ſçu de la nature de l'Eſprit. Car
nous voyons que ceux qui croyent
que l'Eſprit eſt un corps ſeulement
plus ſubtil que les autres, croyent
pareillement que la Divinité eſt un
corps extremement ſubtil & agiſ-
ſant répandu dans toute la matiere
pour luy donner le mouvement. Et
ceux au contraire qui ſoûtiennent
que noſtre Ame eſt quelque choſe
de non corporel, ſoûtiennent auſſi
que Dieu eſt de meſme nature : mais
les uns & les autres s'accordent à
juger de la conduite de Dieu par
eux - meſmes, en oſtant ce qu'ils
croyent avoir d'imparfait.

Comme il n'y a rien de plus important, dit Eulalie, que de bien
connoiſtre Dieu, vous augmentez
encore l'envie que j'ay de me connoiſtre bien moy - meſme, pour ne
luy rien attribuer qui ſoit indigne
de luy.

Ce qui doit vous y engager en-
Z iiij

core , repliqua Stasimaque, c'est
que vous vous mettrez ainsi en état
de reconnoistre une verité de la derniere consequence , soit pour vostre
propre satisfaction , soit pour l'a-
vantage de ceux à qui vous en voudrez faire part. Cette verité est que
la Religion Chrétienne prise dans
sa pureté, a les deux marques inte-
rieures de la vraye Religion , l'une
de nous enseigner un culte pur &
spirituel , digne du Dieu que nous
adorons, & l'autre de nous pres-
crire pour nostre conduite des maximes les plus conformes à la nature
raisonnable , & à la necessité où
nous sommes de vivre en societé.

Et cette science de vous mesme
vous apprenant le prix des choses
corporelles & perissables , vous dis-
posera à ne les point rechercher avec
trop d'ardeur : & vous enseignant
comment elles peuvent contribuer
à la sainteté & à la perfection de
l'Esprit , elle vous rendra capable
d'éviter la superstition à laquelle les

perſonnes ſans lumiere ſe laiſſent
aller ſi aiſément.

Je voy déja bien, dit Eulalie à
Staſimaque, que vous aviez raiſon
de dire dernierement à Timandre
que les ſciences priſes de la maniere
que vous les concevez, ſeroient
pour les Dames un exercice doux
& facile. Avec un principe de premiere lumiere, & une mediocre
application, vous nous avez déja
menez fort loin en peu de temps,
en nous donnant une regle infaillible pour nous aſſurer de l'exiſtence
& de la verité de toutes choſes, qui
eſt d'en avoir des idées claires &
diſtinctes. Et cela me paroiſt ſi évi-
dent que je ſuis en état, ce me ſemble, de faire voir par raiſon qu'il y
a un Dieu, que nous avons un eſprit, & un corps, & meſme qu'il y
a-d'autres corps que le noſtre. Je
croy auſſi que ce qui démontre que
ces choſes ſubſiſtent, démontre auſſi
qu'elles ſont differentes. Car puiſque nous concluons qu'elles exiſtent,

parce que nous en avons les idées,
quand nous y faisons attention;
nous devons par la mesme raison
conclure qu'elles existent differem-
ment; l'idée de l'une n'estant pas
celle de l'autre. Il me semble aussi,
ajoûta cette jeune personne, que
puisque les objets ne frappent pas
l'esprit immediatement, mais par
l'entremise du corps, l'ordre veut
que l'on connoisse ce Corps, pour
sçavoir à quoy sert son ministere.

La connois-
sance des
choses ex-
terieures
suppose celle
de nostre
corps.

Ce que dit Eulalie, me paroist
fort juste, reprit Sophie. Le corps,
à mon avis, est à l'égard de l'esprit,
ce que les Lunettes de longue vuë
sont à l'égard de l'œil. On a beau
regarder avec les lunettes, on re-
marquera bien qu'un costé approche les objets, qu'un autre les éloigne; mais on ne rendra jamais raison de ces deux effets, que l'on ne
sçache comment les verres sont tail-
lez. Il en est de mesme du Corps.
On peut bien dire sans sçavoir comment il est fait, qu'il sert à faire

fentir, les yeux à voir, les autres
organes à leurs fonctions particulieres : mais je ne croy pas que pendant que l'on en ignorera la fabrique, on puiffe bien expliquer ce que
c'eft que fentir en general, ny fentir
en particulier d'une telle façon : ce
que c'eft, par exemple, que voir,
oüir, flairer, ou pour mieux dire,
ce que c'eft que faveur, couleur,
odeur.

En effet, dit Stafimaque, le fentiment que nous avons des chofes,
eftant une perception, un avertiffe-
ment que reçoit l'Efprit, par l'impreffion faite en quelque endroit du
Corps, c'eft en vain que l'on travaille à rechercher comment un
objet a caufé cette perception, fi
l'on ne fçait pas en quoy confifte
le changement du Corps qui la precede.

Apparemment, reprit Timandre,
ce que vous dites de la fenfation en
general, & des fentimens exterieurs
en particulier fe doit entendre auffi

des fentimens interieurs comme la faim, la foif, & les paffions : Et je ne m'étonne plus que jufques icy je n'ay rien compris à tout cela.

Je reconnois encore, ajoûta-t-il, qu'il eft impoffible fans cette connoiffance d'expliquer clairement comment nous nous fouvenons des chofes, comment nous nous les imaginons, comment elles nous reviennent durant le fommeil, & mille autres chofes curieufes dont on ne parle qu'en l'air.

A quoy la connoiffance des beftes, peut fervir à cette de nous mefmes.

Je voudrois bien fçavoir, demanda Sophie, quel fondement ont les Philofophes de nous renvoyer aux beftes, quand il s'agit de nous connoiftre nous mefmes.

Tous les Philofophes ne nous y renvoyent pas, répondit Stafimaque ; & ceux qui le font, ont leur raifon ordinaire. C'eft qu'ils ont oüy dire qu'il y faut aller. Et il nous eft égal en cette matiere d'avoir recours à eux ou aux beftes ; les uns nous inftruifent autant que les au-

tres. Si nous voulons sortir de chez
nous , il me semble que le plus court
est de nous adresser à nos semblables , dont les actions ont plus de
rapport avec les nostres que celles
des chiens & des chats , outre que
nous ne voyons presque rien faire
aux autres animaux que nous ne
voyons faire aussi aux hommes.
Tout ce que nous pouvons apprendre en considerant les bestes au dedans & au dehors , c'est qu'elles ont
un corps fort approchant du nostre ,
& capable des mesmes fonctions.
Mais la veuë d'un corps humain
nous en apprendra au moins autant ,
par rapport à nostre instruction.

Ces Philosophes là , dit Timandre , ont recours aux bestes , afin de
montrer qu'il faut de la connoissance pour faire les actions qu'elles
font.

C'est bien plûtost fait , repartit
Stasimaque , de nous consulter nous
mesmes , puisque nous faisons ces
actions-là , aussi souvent que les

beftes. Pour les avoir veu faire à tous les hommes, les avoir faites nous-mefmes, depuis que nous fommes au monde, & nous en eftre tant de fois entretenus avec nos femblables, ce que nous n'avons jamais fait avec les beftes, en fommes nous plus inftruits ? Pour fçavoir fi les fonctions du corps fe font par connoiffance, il faut avoir fait reflexion fur foy-mefme, & avoir découvert comment noftre efprit y a part.

L'efprit, dit Eulalie, eft fi éloigné d'eftre la caufe de la plufpart des actions corporelles & neceffaires, que non feulement il ne fçait pas comment elles fe paffent, ny comment eft fait le corps, mais mefmes elles arrivent fouvent malgré nous : & nous reffentons ordinairement de la douleur & des paffions dont nous ferions bien-aifes d'eftre deffaits.

Tant s'en faut, reprit Otafimaque, que les beftes nous fervent à acquerir la connoiffance dont nous parlons , que les raisonnemens des Philosophes ne nous aident à cela qu'entant qu'ils nous déterminent à faire reflexion sur ce qui se passe en nous mesmes. Cela est si vray que si maintenant que nous examinons cette matiere , nous sommes persuadez de ce que nous nous disons , c'est que l'un disant aux autres ce qu'il a remarqué en soy , leur donne occasion de le remarquer en eux-mesmes.

Nous ne prenons pas garde à une chose , dit Timandre , c'est que ce qui montre que la science de nous mesme est la plus necessaire de toutes , nous fait voir aussi qu'elle est la seule necessaire , & qu'elle comprend toutes les autres qui ne font que des applications particulieres des principes qu'elle nous donne. La Logique ou l'Art de penser, qui consiste dans les reflexions que l'esprit fait sur la maniere dont il se conduit dans la recherche du vray; & la Metaphysi-

que qui a pour objet les notions generales communes à l'esprit & au
corps , en suppofent la connoiffance.

Non feulement l'homme eft le plus
bel objet de la Phyfique qui eft la
fcience de la nature , il en eft encore
le premier , eftant impoffible felon
ce que l'on vient de dire , de fçavoir
comment font difpofez les objets
qui fe font connoiftre par le corps ,
fi l'on ne fçait auparavant comment
le corps eft difpofé pour fervir à cette connnoiffance.

Pour ce qui eft de la Medecine,
il n'y a nulle difficulté que ce que
l'on a marqué de la fcience de nous
mefme n'en foit le fondement. Car
outre que l'on ne fçauroit entendre
les maladies fans entendre le mouvement & les alterations du fang ;
On ne peut connoiftre , à mon avis,
avec fcience la force des remedes,
que par le moyen de leur couleur,
de leur faveur , de leur dureté ou de
leur molleffe. Ce qui demande une
connoiffance

connoiſſance parfaitte de la ſen-
ſation.

Ainſi , reprit Staſimaque , les
ſciences qui nous concernent comme ſeuls , & dont nous aurions beſoin dans la ſolitude , ſont fondées
ſur la connoiſſance de nous meſmes;
Et il n'y a point de doute que les
ſciences de ſocieté ne l'ayent auſſi
pour fondement.

Eulalie ayant demandé quelles
ſont ces ſciences de ſocieté ; ce ſont,
répondit Staſimaque , celles dont
nous avons beſoin pour entretenir
la ſocieté où nous vivons. Car vous
jugez bien que ſi nous ne ſçavions
pas nous entre-communiquer nos
penſées & que nous n'euſſions point
de regles pour conſerver la paix entre nous , les ſocietez ne pourroient
ſubſiſter. Ainſi nous avons beſoin
de ſçavoir parler , ce que la Grammaire nous enſeigne ; & de ſçavoir
bien vivre , ce que nous apprend la
Morale à laquelle on peut rapporter la Juriſprudence & la Politique.

A a

Or pour bien parler & pour bien faire, je croy qu'il faut bien penfer.

La Gram-
maire eft
fondée fur
la ſcience
de nous
meſmes.

Prenez garde , reprit Eulalie , qu'il y a beaucoup de gens qui parlent bien & qui vivent bien , ſans avoir jamais étudié.

Cela eſt vray , repartit Staſima- que , mais il y en a peu qui ſçachent vivre & parler. On peut bien parler & bien vivre en deux façons , ou par hazard & par coutume à la maniere de la pluſpart des hommes ; ou bien avec ſcience & lumiere , ce qui eſt particulier à peu de gens ; & c'eſt lorſque l'on eſt en eſtat de rendre raiſon de ſa conduite , non point par des regles de caprice & d'uſage , qui ſervent à juſtifier tout le monde , mais par des regles de bon ſens , ce que l'on ne ſçauroit faire , ſans l'é- tude de ſoy-meſme.

Vous voulez dire , interrompit Eulalie , que quand on ſçait bien les choſes on en parle bien.

Ce que je veux dire , principale- ment , repliqua Staſimaque , c'eſt

que pour fçavoir une langue en perfonne habile, il faut avoir comparé
nos penfées avec la parole, c'eſt à
dire, la maniere dont nous confiderons les chofes, avec la façon
dont nous les expliquons : ce qui demande des reflexions tres-curieufes
dont le manquement eſt caufe qu'il
y a fi peu de gens qui fçachent leur
langue, & qui lifent utilement les
livres.

Comme nous devons voir bien-
toſt ces reflexions là, dit Sophie,
dans le livre des fondemens de la
langue Françoiſe, je ne vous prie
pas de nous en faire part prefentement.

Pour ce qui eſt de l'éloquence,
dit Timandre, je n'ay nulle difficulté. Comme elle eſt l'ouvrage de
l'homme, qu'elle parle prefque toûjours de luy, qu'elle s'adreſſe toûjours à luy, qu'elle n'a pour but que
de manier fon efprit, & de le tourner où elle veut par les mouvemens
qu'elle luy infpire, & qu'ainfi elle

L'éloquen-
ce eſt fon-
dée fur la
fcience de
nous mef-
mes.

doit y avoir des intelligences fecret-
tes & affurées, elle en demande une
connoiffance tres-exacte & tres-en-
tiere. Ainfi, ajoûta-t-il, pour eftre
éloquent, il faut eftre informé de
tout ce qui eft dans l'homme, des
paffions aufquelles il eft fujet, de
l'intereft qu'il prend en tout ce qui
fait impreffion fur luy ; de ce qu'il a
receu de la nature, & de ce que la
focieté luy a donné. Il faut fçavoir
ce que produit la diverfité des temperammens, des exemples, des coutumes & des exercices, & de tout ce
qui met entre les efprits des hommes autant de difference qu'il y en a
entre leurs vifages.

Vous oubliez, reprit Stafimaque,
le plus important & le moins obfer-
vé, parce que c'eft le moins connu,
qu'il faut fçavoir parfaitement l'o-
rigine des préjugez & des erreurs
dont nous fommes capables ; de
ceux de nature, par exemple, de focieté, d'âge, de fexe, de condition,
d'ufage & de Religion ; comme

eſtant les motifs les plus ordinaires
par leſquels nous nous conduiſons,
& les moyens les plus propres à faire agir le vulgaire. De ſorte que l'on
pourroit dire que l'art de ſe connoître ſoy-meſme, & celuy de perſuader n'en font qu'un ; que le premier
eſt l'art de penſer, & que le ſecond
eſt l'art de parler ; que l'un fournit
les penſées, & que l'autre donne
les ornemens ſous leſquels on les
fait paroiſtre.

Il me ſemble, dit Sophie, que ce
bel art dont nous nous entretenons,
peut eſtre appellé auſſi l'Art de vivre heureux : eſtant impoſſible,
ſans ſçavoir ce que nous ſommes,
de nous mettre dans l'eſtat qui nous
eſt le plus convenable, ce que Staſimaque appelle bonheur ; ny d'acquerir avec lumiere cette liberté interieure qui en eſt la principale partie de noſtre felicité.

Toute la Morale eſt fondée ſur la connoiſ-ſance de nous meſ-mes.

Ce qui nous éloigne le plus de
cét eſtat, reprit Staſimaque, c'eſt le
dereglement de nos deſirs, qui vient

de noftre ignorance & de la mauvaife education que nous recevons.
Car ou nous ne connoiffons pas ce
qui nous eft le plus neceffaire , &
que nous pouvons tous acquerir,
comme la connoiffance de la verité ;
& ainfi nous ne la defirons que foi-
blement : ou bien nous imaginant
qu'il y a d'autres chofes, lefquelles
nous font plus neceffaires , nous les
defirons avec trop d'ardeur , fans
confiderer qu'il ne dépend pas entierement de nous de les poffeder,
comme font les plaifirs , les hon-
neurs & les richeffes ; & qu'un homme ne les poffede gueres fans in-
commoder les autres. Et lorfqu'on
en eft le maiftre , on en fait d'ordinaire un mauvais ufage , parce que
l'on n'en connoift pas le prix , ny le
rapport qu'elles ont avec nous. Et

Ce que c'eft que la ver- tu. comme la vertu confifte dans la maniere de confiderer les biens & les
maux qui nous peuvent arriver , &
d'en ufer quand nous les avons , par
le reglement de nos defirs , c'eft

dans nous mesmes que nous en devons rechercher les maximes avec
les raisons qui nous peuvent persuader davantage de ce que la Religion
nous enseigne ; le monde qui est
plein de preventions & d'erreurs,
n'estant gueres propres à nous éclai-
rer.

Si l'on veut considerer la Morale
sous une autre idée, c'est nous mesmes qu'il faut consulter pour apprendre solidement les trois devoirs
essentiels de la vie ; dont le premier
concerne ce que nous ne pouvons
nous dispenser de rendre à l'Autheur de toutes choses ; le second
nous montre ce que nous nous devons à nous mesmes ; c'est à dire,
ce que l'esprit doit au corps pour le
conserver, & comment il peut s'en
servir pour sa propre perfection ; &
le troisiéme nous marque ce que
nous nous devons les uns aux autres,
dans la necessité où nous sommes de
concourir à nostre conservation par
une assistance reciproque.

Comme la meilleure partie de la vie & de la Morale, dit Sophie, est occupée dans le commerce que nous avons avec les hommes, l'art de nous gouverner avec eux suppose de necessité celuy de les bien connoistre par nous mesmes, parce que ce commerce reüssit d'autant mieux que l'on sçait mieux menager les esprits par le moyen des passions, dont la science est ce qu'il y a de plus important dans celle dont nous nous entretenons.

Si les particuliers, dit Timandre, ne sçauroient bien vivre ensemble sans se connoistre les uns les autres, les personnes publiques qui ont la conduite d'autruy n'y sont pas moins obligées ; & il me semble que les lumieres qui servent à rendre éloquent, sont les mesmes dont on a besoin pour devenir politique ; & que pour bien gouverner les hommes, il faut autant les connoistre au moins que pour les persuader.

Ce que vous dites est indubitable,
reprit

reprit Stasimaque , & ne regarde
pas moins les Jurisconsultes que les
Politiques & les Orateurs. Et je
tiens que les uns & les autres pour
estre habiles dans leur métier , doivent connoistre non seulement les
hommes en particulier , selon leur
estat physique & naturel , mais encore en general , selon l'estat civil,
& moral. En un mot , apres s'estre
instruits de tout ce qui concerne la
premiere societé qui est celle du
corps & de l'esprit , de la nature des
deux substances qui la composent,
des conditions & des loix de leur
union , & de ce qui est capable de
la rompre , il faut qu'ils s'instruisent
de tout ce qui concerne la societé
Civile.

Croyez vous , demanda Eulalie
qu'il soit si necessaire de se connoître soy-mesme , pour connoistre les
autres , & de s'instruire de ce qui appartient à la premiere societé , pour
bien entendre ce qui concerne la
seconde.

B b

Asſurément, répondit Staſimaque, la connoiſſance de nous-meſmes doit preceder celle des autres ;
puiſque nous ne jugeons des autres
que par ce que nous reſſentons en
nous meſmes, ou que nous voyons
bien que nous pourrions reſſentir,
ſoit que nous parlions des beſoins
naturels, du plaiſir & de la douleur,
du vice ou de la vertu, dont vous
ſçavez que les veritables idées ne
nous peuvent venir de dehors. Et
pour vous oſter les difficultez que
vous pourriez avoir là-deſſus, je
vous prie de conſiderer que les Philoſophes ont chacun une Morale
particuliere ſelon les idées particulieres qu'ils ont de la nature. Cela
vient de ce que la Morale eſt fondée
ſur la nature, cette ſcience ne con-
ſiſtant que dans les reflexions que
l'on fait ſur l'eſtat naturel des choſes, par rapport à ce que les hommes peuvent établir. Or comme il
y a plus de coutume que de raiſon
dans la conduite ordinaire ; c'eſt une

neceffité abfoluë de remonter jufques à la nature, pour s'élever au
deſſus de la coutume & de l'uſage,
afin de voir nettement ce qu'il y a
de bon & de mauvais ; & en quelles
rencontres & juſqu'où l'on eſt
obligé de les ſuivre. Ce retour eſt
d'autant plus neceſſaire aux politiques, que la ſocieté civile n'a pour
but que la conſervation de la ſocieté
du corps & de l'eſprit. C'eſt pourquoy il eſt de la derniere conſequence de connoiſtre celle-cy, afin de
ſçavoir ce que l'autheur de la nature a mis en nous pour travailler à
cette conſervation, & quelles ſeroient nos penſées ſi ne faiſant que
de naiſtre, ou n'ayant jamais vécu
en ſocieté, il nous prenoit envie d'en
former une pour nous conſerver
plus aiſément. Eſtant à mon avis
abſolument impoſſible de concevoir
ſans prevention, ce que c'eſt que
droit naturel, droit civil & droit des
gens ; ce que c'eſt qu'autorité, loy,
châtiment, équité, juſtice ; quels

font les devoirs des sujets & des Princes, des superieurs & des inferieurs, & à quoy chacun est raisonnablement obligé dans son estat & dans la condition où il se trouve, si l'on ne voit distinctement ce qui a donné lieu à toutes ces choses.

· Ce que vous dites, reprit Timandre, me paroist d'autant plus important, qu'il fut remarqué dernierement dans une compagnie où je me trouvay avec des gens habiles de toute façon ; des Philosophes, des Theologiens, des Canonistes, des Politiques & des Advocats fameux, qui estoient tous partagez sur une question de droit de grande consequence. Aprés que l'on eut bien disputé de part & d'autre, un homme de bon sens fit voir qu'ils estoient presque tous dans le préjugé, les uns confondant la nature avec la coutume, les autres portant trop loin l'authorité de la coutume & des loix, les autres s'attachant trop scrupuleusement à la lettre ;

ceux-cy ne sçachant pas ce que c'est qu'équité, & ceux-là ignorant quel est l'usage naturel des châtimens & des peines. Et ce mesme homme fit voir sur le sujet de la conversation, la necessité qu'il y a de connoistre ce qui porteroit les hommes à s'unir en la maniere qu'ils sont aujourd'huy, & les raisons sur lesquelles ils établiroient l'ordre qui leur seroit necessaire.

Enfin, conclud Stasimaque, il n'y a que la connoissance de nous mesmes qui puisse nous tirer d'une erreur capitale qui regne par toute la terre, depuis le commencement du monde, & a lieu dans les sciences, comme dans les mœurs ; c'est de juger de ce qui se doit faire, par ce qui s'est fait autrefois, ou par ce qui se fait presentement ; au lieu de juger de tout par les lumieres que nous avons, qui nous apprennent ce que l'on doit faire.

Voilà mon songe accompli, dit Eulalie, & je dois à Stasimaque d'a-

voir aujourd'huy trouvé un Threfor
plus eftimable fans comparaifon
que celuy que je m'imaginois la nuit
paffée avoir trouvé en révant.

Ne vous flattez pas , reprit Timandre , comme fi vous eftiez feule
qui euffiez fait cette découverte :
nous y avons part Sophie & moy :
mais nous vous en avons obligation :
puifque c'eft à voftre confideration
que Stafimaque nous a montré que
nous fommes plus riches que nous
ne penfons : mais de telle façon, que
nos richeffes ne font fujettes ny à la
roüille ny aux voleurs ; qu'on ne
nous les fçauroit ofter , qu'en nous
oftant la vie ; & qui font de telle
nature que tous les efforts des hommes qui entreprendroient de les en-
lever , ne ferviroient qu'à en rendre
la poffeffion plus affurée.

Mettez-vous donc en eftat , dit
Sophie à Timandre , de faire valoir
voftre bien. Sçavez-vous , ajoûta-
t-elle en parlant à Stafimaque , que
tout ce que vous venez de nous dire

de la neceffité de fe connoiftre foy-
mefme , acheve de me confirmer
dans tout ce que vous nous avez dit
auparavant. Car enfin puifque la
route que vous nous montrez eft la
premiere & la feule qu'il faut prendre, y ayant fi peu de fçavans qui la
fuivent, nous avons encore plus lieu
de nous défier d'eux , & de prendre
cette bizarrerie de difcours & de
conduitte qui fe voit parmy eux pour
une marque evidente de leur égare-
ment. Il y a davantage. Quand ils
feroient tous dans la bonne voye,
ce que nous ne pouvons fçavoir que
quand nous nous y voyons avec eux,
il eft fort inutile de les prendre pour
guide, dans la perfuafion qu'ils fçavent le chemin ; puifqu'il faut toft
ou tard les abandonner pour nous
renfermer dans nous mefmes : outre
que tout ce qu'ils pourroient nous
enfeigner, ne doit tendre qu'à nous
porter à cette retraitte.

Il me femble auffi , dit Eulalie,
que je fuis encore plus abfolument

B b iiij

convaincuë que l'autre jour de ce
que foutenoit Stafimaque, que la
verité fe prefente à un feul comme à
dix mille; & que ceux qui pretendent que les femmes en font moins
capables que les hommes, ne fçavent
vent pas dequoy ils font capables
eux-mefmes, puifque nous avons
tous les mefmes principes, & qu'ainfi nous connoiffons les chofes de la
mefme maniere. Et ce qui acheve
de me determiner à l'étude, c'eft
qu'il me paroift que les fciences font
abfolument neceffaires, quelque
genre de vie que l'on embraffe,
eftant impoffible, fans cela de bien
penfer, de bien parler & de bien vivre, ny en un mot d'avoir ny bon-
heur ny vertu folide.

Suivant vos principes, demanda
Sophie à Stafimaque, ne pourroit-
on pas dire que l'efprit humain con-
fideré en foy-mefme, eft Univerfel
& capable de toute forte de connoiffances.

On le doit dire, répondit Stafi-

L'efprit humain eft univerfel.

maque: & il est d'autant plus vray
que l'esprit humain consideré en luy-
mesme a ces qualitez, qu'il les a mesme dans l'estat de son union avec
le corps. Car enfin la science dont
nous parlons est la science univesel-
le ; de sorte que celuy qui la possede
peut passer pour avoir un esprit uni-
versel ; puisque non seulement il a
les notions generales qui conviennent à tout ce que l'on peut concevoir ; comme sont celles d'estre, de
substance , d'accident , de corps,
d'esprit, de figure, de repos & de
mouvement, &c. Mais il a encore
les idées particulieres de toutes les
sciences. Ce qui me fait penser que
comme il y a moins de difference
entre les sciences, que l'on ne s'i-
magine d'ordinaire , il ne faut pas
en établir une si grande entre les
hommes, pour le discernement des
esprits , & pour sçavoir à laquelle
chacun est plus propre qu'à l'autre.

Il y en a pourtant quelques-unes,
reprit Timandre , qui demandent

plus de memoire que les autres.

Il eſt vray, repartit Staſimaque:
mais elles demandent toutes également de penetration & de jugement.
Car outre que l'eſprit doit garder en
toutes la meſme conduite pour découvrir la verité, elles ne ſont que
differentes voyes pour y arriver,
n'eſtant comme nous l'avons dit,
que de differentes manieres de connoiſtre un meſme objet. Il eſt encore certain que l'on ne ſçauroit
eſtre habile en une ſcience que l'on
ne le ſoit en l'autre, tant à cauſe du
rapport qu'il y a entre leurs prin-
pes, que de la liaiſon qui ſe trouve
entre les objets qu'elles conſiderent,
& pour eſtre ſolidement ſçavant, il
faut entendre parfaitement l'harmonie des loix naturelles, des loix
divines & humaines, ce que nous
n'entendons que dans nous-meſmes. Et cette connoiſſance univerſelle peut eſtre juſtement appellée
le point de veuë de toutes choſes,
ſoit que nous regardions ce qui eſt

au deſſus de nous , comme Dieu , ou
ce qui eſt à coſté , comme les autres
hommes, ou enfin ce qui eſt au deſ-
ſous comme les creatures purement
corporelles.

Vous ſçavez , repliqua Eulalie ,
que l'on dit ordinairement que l'eſprit humain eſt borné ; ce qui ne
s'accorde gueres avec la qualité
d'Univerſel que vous luy donnez.

En quel
ſens l'eſprit
eſt borné.

L'un ne détruit point l'autre , repartit Staſimaque ; pourveu qu'on
les prenne bien. Car il eſt certain
que noſtre eſprit eſt borné , par la
breveté de la vie , qui ne nous laiſſe
pas aſſez de temps pour examiner ce
nombre infini de choſes, de manieres , de circonſtances & d'incidens
qu'il y a dans la nature & dans la
ſocieté : Il eſt borné encore par la
neceſſité continuelle où nous ſommes de ſatisfaire les beſoins de la
vie , ce qui nous emporte les meilleurs momens que nous ayons , &
interrompt trop ſouvent l'attention
qu'il faut avoir pour bien connoiſtre

une chofe. Ce qui nous borne davantage ce font les préjugez auf-
quels nous fommes fi fujets , qui
étoufent nos forces , les reſſerrent ,
& les empeſchent de s'étendre.

Je croy , reprit Timandre , que ce
qui fait que nous fommes fi limitez
dans nos connoiſſances , c'eſt la maniere dont elles s'acquierent & ſe
conſervent. Car noſtre eſprit eſt fi
fort engagé dans la matiere, & tellement dépendant du corps , qu'il
ne peut preſque rien connoiſtre ſans
ſon entremiſe. Or comme il y a
beaucoup de choſes où le corps ne
peut eſtre preſent , il eſt preſque
impoſſible à l'eſprit de ſçavoir bien
ce qu'elles ſont. Et quand meſme
nous pourrions avoir les idées de
toutes choſes , nous ne pourrions
pas les conſerver toûjours ; les im-
preſſions du corps auſquelles ces
idées ſont attachées s'effaçant in-
ſenſiblement par les alterations &
les affoibliſſemens frequens dont le
corps ne peut eſtre garanti.

Il me vient encore quelques reflexions dans l'esprit, dit Stasimaque, sur la science de nous - mesmes. Non seulement elle est le fondement de toutes les autres, elle est
aussi la regle qui sert·à juger de ce
qu'il y a de bon & de mauvais, d'u-
tile & d'inutile dans chacune en
particulier, & à discerner en general celles qui sont utiles & solides
d'avec celles qui sont vaines & pernicieuses. Il y a des gens qui croyent
que les hommes sont gouvernez par
les Astres dont les Influences produisent la diversité des inclinations,
des temperammens & des revolutions d'icy bas. Il y en a d'autres
qui traittent d'Infatuation ce sentiment. Comment se déterminer avec
jugement entre deux opinions si
contraires, sans avoir une connoissance parfaitte des hommes & de
leur conduite, afin de pouvoir dire
ensuitte à quoy il faut rapporter ce
qui leur arrive? Comment sçavoir
si les songes ont quelque chose de

La science de nous-mesmes est la regle de toutes les autres.

mysterieux, & si l'on peut avec raison en tirer des presages pour l'avenir, pendant que l'on ignorera comment ils se forment durant le sommeil?

Il en faut dire autant des sciences divinatrices & conjecturales, comme de la Geomantie, de la Necromantie, de la Chiromantie, des Augures & des Aruspices anciens, dont on ne peut bien juger sans connoistre le rapport que nous avons avec les choses exterieures qui sont l'objet de ces sciences.

Il y a mille effets que l'on attribuë aux Magiciens & aux Sorciers, & que le vulgaire se figure pouvoir arriver par la force des paroles. Il est visible que pour en parler avec certitude, il faut d'une part sçavoir de quelles impressions nous sommes susceptibles, & comment elles se produisent naturellement ; & de l'autre part ce que c'est que la parole, & ce qu'elle est capable de faire.

Il y a quantité d'opinions & de préjugez populaires où les sçavans mesmes donnent souvent teste baissée, parce qu'ils ignorent comment nous sommes disposez au dedans ; de quelle façon les objets exterieurs frappent l'esprit par l'entremise du corps, & quel est l'ordre & le train naturel de nos affaires dans la societé civile. Ainsi les simples ont accoûtumé de rapporter à une providence de Dieu toute particuliere mille évenemens favorables ou contraires qui n'arrivent peuteftre que suivant un ordre general que Dieu a establi dans le monde. Il s'en trouve une infinité qui mettent le Diable par tout, & s'imaginent, par exemple, que la rencontre d'une femme est un piége qu'il leur a dressé ; que les mouvemens & les pensées que cette rencontre a causée dans leur fantaisie blessée, est une illusion où il les jette ; & se representent ce jeu comme s'il y avoit dans les hommes & dans les femmes des Diables correspondans , qui agissent de concert & à veuë pour faire donner dans le panneau.

Il n'y a rien de plus ordinaire que d'attribuer à la grace des effets qui appartiennent à la nature ; parce que l'on ne sçait pas jusques où vont les forces de celle-cy. Combien y a-t-il de gens qui s'estiment estre les favoris du Ciel , & en avoir reçu une onction particuliere, tantoft lorsque par impuissance , par préjugé , ou par des considerations humaines dont ils ne s'apperçoivent pas , ils s'abstiennent quelques jours de ce qu'ils condamnent dans les autres ; tantoft lorsque aprés avoir peiné leur imagination en examinant leur vie passée , ils se sentent abbatus & refroidis comme on l'est d'ordinaire , aprés avoir bien pensé aux affaires les plus terrestres ; tantoft lorsqu'ayant par hazard entendu un discours pathetique , en un temps où leurs passions estoient calmes , parce qu'elles estoient satisfaites ,

faites, ils ont esté quelques semai-
nes sans en ressentir les émotions.

Ainsi nous pouvons conclure que
pendant que nous ignorerons ce
que nous sommes, nous ignorerons
tout ; & que nous connoistrons
tout, quand nous nous connoistrons
nous-mesmes.

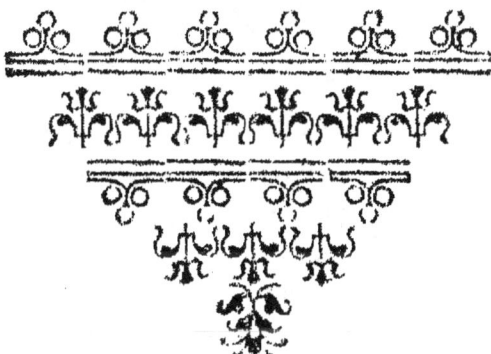

Cc

DE L'EDUCATION DES DAMES.

CINQUIE'ME ENTRETIEN.

APRES que l'on se fut ainsi entretenu de la connoissance de nous-mesmes, on proposa quelques difficultez, dont il fut aisé de trouver l'éclaircissement ; parce qu'elles venoient de ce que l'on avoit encore égard à la maniere dont on enseigne les sciences communément, au lieu qu'on les avoit considerés selon la methode qu'on les devroit enseigner.

Ensuitte de quoy Eulalie ayant témoigné qu'elle souhaittoit avoir les livres qui peuvent aider à acque-

rir les connoissances dont on venoit
de parler, & dans quel ordre on
les doit lire.

Des livres qu'il faut avoir.

Il seroit bon, luy dit Stasimaque,
de vous appliquer d'abord à l'étude
de la Geometrie, non pas pour en
faire une longue occupation, mais
seulement un essay de vostre esprit.
Comme les figures & les propor-
tions qui sont l'objet de cette science, ne sont pas du nombre des choses sur lesquelles on ait des préjugez, on se porte assez naturellement à les regarder en elles-mesmes, & l'on s'accoûtume ainsi à se
détacher de l'authorité humaine, en
recherchant la verité.

D'ailleurs les Geometres faisant
une profession particuliere de ne
rien admettre que de vray, & de
garder pour cela une methode tres-
naturelle, la lecture de leurs ouvrages faite avec attention peut beaucoup contribuer à se former une
idée claire de la verité, & à prendre
cét esprit Geometrique, c'est à dire,

jufte , exact , & methodique fi efti-
mé par les habiles gens. Vous pouvez prendre pour cela les ouvrages
d'Henrion.

Si le livre des fondemens de la
langue françoife dont Sophie nous
a parlé eftoit imprimé, ce feroit un
ouvrage à lire d'abord pour y apprendre les veritables principes de
la Grammaire , avec la fignification
de prefque tous les mots françois
qui font en ufage. Vous pouvez en
attendant vous fervir de la Grammaire raifonnée.Vous lirez enfuitte,

La Logique de Port-Royal.

La Methode, & les Meditations
de Defcartes.

Les Difcours de Monfieur de
Cordemoy fur la diftinction & fur
l'union de l'Ame & du Corps.

La quatriéme partie de la Phyfique de Monfieur Rohaut, qui traitte du corps animé.

Le Traitté de l'Homme de Def-
cartes , avec les Remarques de la
Forge ,

Le Traitté de l'Esprit de l'Homme du mesme de la Forge.

Le Traitté des Passions de Descartes, auquel il est bon de joindre celuy de Monsieur de la Chambre. C'est un ouvrage bien écrit, & où il y a des choses curieuses pour le détail des caracteres interieurs & exterieurs des passions.

Vous lirez apres cela, les trois premieres parties de la Physique de Monsieur Rohaut.

Si vous voulez lire les principes des Descartes, & le premier de tome ses lettres écrittes à la Reyne de Suede, & à la Princesse de Bohéme ce sera encore le meilleur. Vous verrez par ces lettres qu'il ne jugeoit pas les femmes incapables des plus hautes sciences.

Je ne vous parle point des livres d'histoire & de Theologie ; parce que ce sont des matieres qui demandent chacune un entretien. Je vous diray seulement que toute la Theologie estant fondée princi-

palement fur le Nouveau Teftament, vous ne fçauriez commencer
trop toft à le lire dans une bonne
difpofition. Il a efté traduit par
plufieurs Autheurs que je laiffe à
voftre choix.

Il y a trop de chofes à dire fur les
Autheurs & fur la maniere de les
lire fçavamment, pour vous en
parler aujourd'huy. Outre que
tout ce que je vous en pourrois dire
eftant fondé fur les lumieres que la
Philofophie nous peut donner, il
feroit peuteftre auffi inutile de vous
en entretenir, qu'à vous de les lire
avant que d'avoir fait cette étude
importante de vous-mefmes, de laquelle dépend tout le refte.

Pour rendre cette étude plus utile,
& fuppléer avec plaifir à la lecture
de quantité de livres ; accoûtumez-
vous de bonne heure à y rapporter
tout ce qui vous viendra dans l'efprit. Et comme tous les livres de
raifonnement doivent eftre fondez
fur l'experience, pour en acquerir

avec lumiere, & en peu de temps,
plus que beaucoup de gens n'en
ont aû bout d'une longue fuitte
d'années & de travail, tâchez de ne
rien laiffer paffer ny en vous mefmes ny dans vos femblables fans y
faire reflexion. Obfervez tout, regardez tout & écoutez tout fans
fcrupule. Examinez tout, jugez de
tout, raifonnez fur tout, fur ce qui
s'eft fait, fur ce qui fe fait, & fur ce
que vous prévoyez qui fe fera. Mais
fur toutes chofes, ne vous payez
point de mots, ny d'un oüy dire.
Vous avez une Raifon, fervez-vous
en, & ne la facrifiez aveuglément à
perfonne. Vous n'ignorez pas combien il y a de gens qui refferrent la
Jurifdiction du bon fens, & qui pré-
tendent qu'il y a beaucoup de chofes qui ne font point de fon reffort,
examinez bien fi ce n'eft point l'o-
pinion qui luy donne des bornes fi
étroittes.

C'eft une maxime du bon fens,
& reçuë de tous les fçavans, que

c'eſt une preuve d'ignorance que d'avoir recours à la cauſe premiere, & a des voyes extraordinaires & ſurnaturelles, quand les cauſes ſecondes, & les voyes ordinaires ſuffiſent ; Si vous vous donnez la peine d'y regarder de prés, vous trouverez que les ſçavans ſont les premiers à pecher contre cette maxime, & à ſuppoſer du myſtere faute de bien connoiſtre la Nature.

Appliquez - vous d'abord à découvrir la cauſe & la ſource des préjugez populaires, en recherchant dans vous-meſme la voye par où ils ſont entrez dans voſtre eſprit. Car tous les hommes y ſont ſujets ſans exception dans leur enfance : & voyez ce qui les entretient, les fortifie & les augmante, ſelon l'âge, le ſexe, la condition, les intereſts, l'éducation, la coûtume & la Religion.

Souvenez - vous que le hazard a plus de part à noſtre bonheur & à noſtre inſtruction, que les ſoins &

la

la prudence ; & que comme il ne
dépend pas de nous de rencontrer
de bons maiſtres & de bon livres,
il n'en dépend pas non plus d'avoir
toutes les penſées neceſſaires pour
devenir ſolidement ſçavant. Elles
ſe preſentent à l'eſprit lorſqu'il y
ſonge le moins. C'eſt pourquoy
ſoyez attentive & circonſpecte en
vous-meſme pour ne rien laiſſer
échapper qui puiſſe ſervir à vous
inſtruire. Il ne faut qu'une penſée
bien priſe, & à propos, & bien
conduite pour aller fort loin, & ne
craignez point de vous égarer en
avançant.

Prenez garde à une choſe ; c'eſt
que vous trouverez ſouvent des ar-
reſts ſur voſtre route, vous croirez
que ce ſont des veritez conſtantes,
ce ſeront peuteſtre des erreurs ou
des préjugez capitaux. Penſez-y
bien.

Je ſuis bien aiſe encore de vous
avertir que le moyen d'ignorer ou
de ſçavoir mal les choſes les plus

D d

importantes, c'est de s'épouvanter de mille petites pensées, qui donnent de la terreur aux simples, qui les regardent avec frayeur comme des sujets de tentation. Ce sont quelquefois de petits phantômes ou des feux folets qui se joüent de nôtre credulité & de noftre imagination.

Le moyen de les diffiper, c'est de leur faire tefte, de les regarder fixement, & de ne pas témoigner qu'on les apprehende. Car enfin, il ne faut pas estre toûjours enfant, & avoir peur de son ombre ou du loup garou?

Quelque penfée qui vous vienne dans l'efprit, ne vous en effarouchez point, arreftez-là dés l'entrée, fans la rebuter neanmoins. Si c'eft une amie, elle vous fervira; fi c'eft une ennemie, il la faut confiderer pour la reconnoiftre. Comme il y va de voftre repos & de voftre bonheur, ne vous en rapportez à perfonne fur ce chapitre là, que de la

bonne forte. Car ce qui ne feroit
pas bon pour d'autres qui ont le
gouft dépravé, fe trouvera excel-
le t pour vous, fi vous avez le gouft
fin. Et foyez affurée qu'un peu de
lecture avec beaucoup d'experience
vous feront arriver en peu de temps
au plus haut point de la fageffe humaine.

En effet, dit Timandre, autre
chofe eft de voir les hommes au
naturel, & de ne les regarder qu'en
perfpective dans une Bibliotheque.
Il faut que l'ufage du monde acheve
ce que les bons livres ont commencé; Et l'on s'inftruit bien plus foli-
dement, quand on voit les chofes
en grand fur le Theatre du monde,
que lorfqu'on ne les voit qu'en petit
dans un écrit. Cette bizarrerie que
l'on peut remarquer dans la conduitte des hommes, & qu'Eulalie
nous a tantoft reprefentée fi naïvement, dans leurs difcours & dans
leurs actions, & la maniere dont
chacun condamne ce qui le choque

& approuve ce qui luy plaift, donnent lieu à un efprit bien tourné de
faire fans fortir de fon païs des reflexions auffi importantes & auffi
capables de détromper, que fi ayant
voyagé par toute la terre, il avoit
medité fur la diverfité des humeurs,
des coutumes, des opinions, des
Religions de tous les peuples qui
l'habitent.

Pour moy, dit Eulalie, je me por-
terois affez à croire que le moyen de
devenir vifionnaire & Mifantrop*,*
& de s'enteſter des Autheurs c'eſt de
les avoir fans ceffe entre les mains,
& de fe confiner dans une étude.
Et la raifon pourquoy certaines
gens voudroient, par exemple, que
toute la terre fe changeaft en cloi-
ftre & en folitude, que les hommes
deviffent des hibous à l'égard les
uns des autres, & des bourreaux à
l'égard d'eux-mefmes, c'eſt peuteftre qu'ils ont pafli fur les ouvrages ou fur l'hiſtoire d'un mélancholique bleffé, dont ils ont pris le mal

* C'eft à
dire farou-
che & en-
nemy des
hommes.

de teste, & se font fait des Châteaux en Espagne où ils voudroient que nous logeassions tous avec eux.

Ce que nous disons de la Morale, reprit Stasimaque, laquelle est à mon sens, la plus importante de toutes les sciences, se doit aussi entendre des autres & particulierement de la Physique. Il faut observer & écouter la nature pour la bien connoistre. En un mot, il faut faire sur toutes choses peu de lecture, mais qui soit bonne, beaucoup d'experience, de reflexions & de raisonnemens.

Ce n'est pas la quantité des livres, dit Sophie, mais la qualité qui rend habile ; & j'ay toûjours oüy dire qu'un homme qui n'a qu'un livre, & qui s'y attache, est plus à craindre que s'il en avoit plusieurs, ausquels il s'attachast également.

Cela est indubitable, reprit Stasimaque, à l'égard des livres fondamentaux & dogmatiques, tels que

D d iij

font ceux que je viens d'indiquer à Eulalie, qu'il vaut mieux lire dix fois, pour les posseder, que d'en parcourir trente autres. Aussi doit-on y apporter plus d'attention qu'à ceux qui ne sont que superficiels, & ne se pas rebuter pour y rencontrer d'abord quelques difficultez qui arrestent. Car outre que les matieres que l'on y traitte, estant d'une nature toute differente des entretiens ordinaires, & quelquefois mesme opposées aux opinions communes, quelques gens ont de la peine à y entrer tout d'un coup; il peut arriver aussi qu'il se trouve des choses en un livre ou en un endroit qui supposent l'intelligence d'un autre. De sorte que la premiere lecture d'un ouvrage doit servir à nous en donner un plan & une idée generale: La seconde nous en fait voir le détail, & la troisième nous fait remarquer plus clairement ce qu'il y a de bon & de mauvais, d'utile & d'inutile, & la liaison des principes

avec les conſequences particulieres
que l'on en tire.

Je croy, reprit Timandre, qu'il
ne ſeroit pas mal à propos, en étu-
diant ces livres-là, de diſtinguer ce
qui eſt plus important d'avec ce qui
l'eſt moins. Car encore qu'il ſoit
bon de tout étudier & de tout entendre, il me ſemble neanmoins
qu'il y a des choſes que l'on peut
appeller indifferentes, ſoit parce
que l'on n'en parle gueres, & qu'elles ſont de peu d'uſage, ſoit parce
qu'elles ne conduiſent pas à de
grandes veritez, & qu'il importe
peu qu'elles ſoient d'une façon ou
d'une autre.

Ce que vous dites eſt conſtant,
repartit Staſimaque. Par exemple,
encore que l'Arc-en-ciel, ſoit un
des plus curieux Phenomenes de la
nature, neanmoins parce qu'il eſt
tres-difficile à comprendre, à cauſe
d'un grand nombre de circonſtances qu'il faut obſerver, & que le
temps que l'on y mettroit ſeroit

Phenomene c'eſt ce qui paroiſt au Ciel, ou en l'air.

mieux employé à quelque chose de la connoissance de nous-mesmes, je ne voudrois pas conseiller à Eulalie d'en faire d'abord une longue étude. Je serois plûtost d'avis que l'on se mist principalement en peine de cette connoissance de soy-mesme, & d'y rapporter tout ce qui pourroit en dépendre.

Ne vous opiniâtrez donc pas, dit-il, à Eulalie, à vouloir entendre d'abord un livre, & à ne le point quitter que vous ne l'ayez entendu. Il faut lire attentivement & avec quelque reflexion une fois ou deux, tout de suite ceux que je vous ay marquez, & dans l'ordre que je vous les ay nommez ; Et vous les étudierez après de quelle maniere il vous plaira. Il ne seroit pas mauvais aussi d'étudier un peu les Instituts de Justinien pour sçavoir les principes du Droit. Ils ont esté traduits en françois, & Monsieur de Pelisson en a paraphrasé une partie.

Pour ce qui eſt de l'Eloquence, elle conſiſte à bien penſer & à bien parler. La Philoſophie, l'experience & l'uſage donnent l'un & l'autre, & les livres de Rhetorique tels que nous les avons n'y ſervent pas de beaucoup. Neanmoins ſi vous voulez ſçavoir ce que c'eſt que Rhetorique, vous pourrez lire celle d'Ariſtote, celle de Ciceron, ou ſon Orateur, ou celle de Quintilien : nous les avons en françois.

Pour ce qui eſt de la Politique, qui conſiſte à ſçavoir non pas ſeulement quel eſt l'intereſt particulier de ceux qui gouvernent, mais quelles doivent eſtre les vûës de tous les hommes qui compoſent une ſocieté, tant ſuperieurs qu'inferieurs, ce n'eſt pas une ſcience ſi difficile ; puiſqu'elle eſt fondée ſur l'idée que nous devons avoir de l'égalité des hommes ſelon la nature, & ſur l'obligation qu'ils ont de travailler à ſe conſerver les uns les autres par une aſſiſtance reciproque.

Si vous voulez sçavoir quelque chose de la Philosophie vulgaire, & trouver des titres qui vous donneront occasion de penser; après avoir étudié celle de Des Cartes, vous pouvez lire les ouvrages de Monsieur de l'Esclache. Il paroist un abregé de la Philosophie de Monsieur de Gassendi.

Comme vous souhaittez, dit Eulalie, que l'on se mette en état de *Jugement* rendre raison de sa conduite, je vous *de la Phi-* prie de me dire ce que je pourrois *losophie* répondre, si l'on venoit à me de-*Cartesien-* mander pourquoy j'aurois préferé *ne.* la Philosophie Cartesienne aux autres Philosophies.

Je vous propose celle-là, répondit Stasimaque, Parce qu'ayant dessein de vous épargner la peine & le temps qu'il faut pour apprendre le Latin & le Grec, sans quoy on ne peut bien étudier Aristote, Platon, ou Epicure, j'ay crû que je devois vous donner une Philosophie françoise. Or entre celles que nous

avons je n'en fçay point qui vous
foit plus propre que celle de Deſ-
Cartes. Et pour vous montrer que
ce n'eſt point par eſprit de party que
je l'eſtime plus que les autres , je
vous diray qu'il me paroiſt qu'elle a
toutes les qualitez & toutes les conditions que vous pourriez ſouhaiter
dans une ſaine Philoſophie. Vous
vous ſouvenez bien que nous avons
vû dans nos entretiens , que la verité n'a point de plus grans ennemis
que les préjugez ; qu'il faut s'en de-
faire abſolument pour eſtre heureux
& ſçavans : que nous avons preſque
tous aſſez de raiſon & de bon ſens
pour trouver la verité , qu'il faut
commencer à la rechercher dans
nous-meſmes , & que nous pouvons croire que nous l'avons ren-
contrée , lorſque faiſant attention
ſur les choſes , nous en avons formé
des idées claires & diſtinctes : D'où
il faut conclure que la meilleure
Philoſophie eſt celle dont la Methode & les Principes ſont le plus con-

formes à ces maximes. Je n'en sçay
point qui le soit plus que celle de
Des-Cartes. Il n'y en a aucune qui
ait mieux parlé des préjugez ny qui
les ait plus fortement combattus.
Elle suppose du bon sens & assez
de raison dans la pluspart des hommes pour se conduire ; elle donne
des idées claires & distinctes de la
verité, de la raison, de l'esprit, &
du corps : Et au lieu que les Anciens
ont souhaitté seulement cette excel-
lente connoissance dont nous nous
sommes entretenus ; Des-Cartes en
a entrepris la découverte, & y a reüssi
avec tant de bon-heur, qu'il semble qu'il n'a laissé à ceux qui vien-
dront aprés luy, que le soin de l'é-
tudier. Et ce qu'il y a d'estimable
dans l'execution d'un si grand dessein, c'est qu'il a esté conduit avec
ce peu de principes dont je vous ay
fait le dénombrement, lorsque nous
parlions de la facilité qu'il y a de se
connoistre soy-mesme. Si cela est,
continua-t-il, vous jugez bien que

je pourrois m'étendre beaucoup fur
les éloges de noftre Philofophe,
pour juftifier voftre choix & le mien,
& pour vous faire voir que j'ay eu
raifon de ne vous point indiquer de
Scholaftiques, dont ceux que j'ay
lus, ne parlent non plus de prevention & de connoiffance de foy-mefme, que fi ces mots n'eftoient pas
encore en ufage, & que ce qu'ils fi-
gnifient ne fuft pas du nombre des
chofes qui tombent dans l'efprit des
hommes.

Mais prenez garde je vous prie
que je ne pretends point icy que
Def-Cartes foit infaillible ; que tout
ce qu'il a avancé foit vray & fans
difficulté ; qu'il le faille fuivre aveuglément, & que d'autres ne puiffent
rien trouver d'auffi bon & mefme de
meilleur que ce qu'il nous a laiffé.
Je vous dis feulement que je croy
que c'eft un des plus raifonnables
Philofophes que nous ayons, &
dont la methode eft la plus univer-
felle, la plus naturelle, & la plus

conforme au bon sens & à la nature de l'esprit humain , & la plus propre à discerner le vray d'avec le faux,
mesme dans les ouvrages de celuy
qui en est l'Autheur.

Selon toutes les apparences , dit
Timandre, vous avez étudié autrefois la Philosophie de l'Ecole , &
vous la sçavez encore.

C'est la premiere que j'ay étudiée,
repartit Stasimaque ; mais comme
il y a déja sept ou huit ans que je ne
l'ay luë , & qu'il faut autant de
temps & de peine pour la retenir que
pour l'apprendre , je ne la sçay pas
si bien presentement que je l'ay
sçuë autrefois.

Ne vous est-il jamais arrivé , demanda Eulalie , d'estre obligé de
rendre compte pourquoy vous l'a-
vez abandonnée ?

Cela ne m'arrive que trop souvent , répondit Stasimaque.

Que répondez-vous , demanda encore Eulalie , quand on vous demande raison de cét abandonnement ?

Il y a des perſonnes, repartit Staſimaque, à qui je me contente de répondre que ce n'eſt pas moy qui ay quitté cette Philoſophie ; mais que c'eſt elle-meſme qui m'a quitté, parce que je ne la cultivois plus, & que c'eſt une coquette pedante, pour ainſi dire, que l'on ne ſçauroit conſerver ſi on ne la cajole ſans ceſſe. Pour ce qui eſt des autres, comme ce ſont ordinairement des gens de chicane qui cherchent querelle, au lieu de leur faire une réponſe poſitive, je leur fais la meſme demande qu'ils m'ont faitte, en les priant de me dire eux-meſmes pourquoy ils n'ont pas étudié d'abord Epicure plûtoſt qu'Ariſtote dans leurs cahiers.

C'eſt là un bon moyen d'embarraſſer le monde, dit Timandre. Au moins le ferois-je beaucoup, moy qui ay étudié de cette ſorte, ſi vous me demandiez par quelle raiſon j'ay embraſſé les ſentimens Scholaſtiques. Car je craindrois de mentir,

fi je vous répondois que ç'a esté
avec difcernement ; puifque je n'en
avois gueres non plus que les autres
dans le temps que j'ay pris party.
Je fuis allé aux Ecoles, parce que
l'on m'y envoyoit, & que j'y voyois
aller mes pareils ; Et j'ay fuivi les
opinions que l'on attribuë à Ariftote, parce que nos Maiftres qui fe
difoient fes difciples, nous les donnoient pour les plus raifonnables de
toutes ; & nous faifoient regarder
Epicure & Def-Cartes, que nous
ne connoiffions pas feulement de
nom, comme les ennemis mortels
du general fous les étendarts du-
quel on nous avoit enrolez. Et je
vous avouë fincerement que fi je
fuffe tombé entre les mains de
Maiftres qui euffent efté d'un fentiment tout contraire, je les euffe
cru comme les autres, & j'euffe regardé les Peripateticiens comme
gens qui n'ont ny foy ny loy, fi on
me l'euft ordonné.

Ce que vous dites, reprit Stafimaque,

maque , eſt en partie ce que je réponds à ces perſonnes : & j'ajoute
que quand j'aurois quitté leur doctrine par le meſme motif qui me
l'avoit fait embraſſer, & que je de-
meurerois dans celle de Deſ-Cartes
par la meſme raiſon qui les attache
à la leur , c'eſt à dire par fantaiſie &
par coutume , ils n'auroient pas
droit d'y trouver à redire , ny de
condamner ma conduitte qui feroit
auſſi raiſonnable que la leur.

Mais , demanda Timandre , ces
Meſſieurs là ne vous ont-ils jamais
repliqué que toutes les Univerſitez
de France ſont Peripateticiennes ,
& que les Carteſiens y ſont ſi mal
reçeus, qu'on ne veut pas ſeulement
les y écouter ?

Comme c'eſt la meilleure preuve
qu'ils ayent de la bonté de leurs opinions , repartit Staſimaque , ils ne
manquent jamais de l'apporter. Je
leur réponds à cela que non ſeulement il y a aujourd'huy quantité de
gens de qualité & d'eſprit, qui va-

E e

lent bien les Peripateticiens, lef-
quels fuivent les fentimens de Def-
Cartes, mais qu'il y a auffi des Uni-
verfitez entieres en Angleterre, en
Hollande & en Pologne, d'où l'on a
fait fortir Ariftote pour y faire venir
nir Def-Cartes; & que l'établiffement du premier en ces lieux-cy, eft
feulement une marque qu'il y a plus
de partifans, comme le plus ancien
& le plus fort; & que le fecond n'y
a point d'entrée, parce qu'il eft le
plus foible, & le plus jeune.

Il me femble avoir oüy dire quelque part, reprit Sophie, que la Philofophie d'Ariftote a eu une fortune
affez bizarre, & qu'elle a efté re-
jettée en des temps & reçeuë en
d'autres.

Cela eft vray, répondit Stafimaque. Un des plus grands hommes
de ce fiecle, a fait un tres-bel ouvrage des avantures de cette Philofophie, où il rapporte les témoignages d'un tres-grand nombre de Peres
de l'Eglife & des plus confiderables

qui ont pretendu qu'il la falloit chaſ-
ſer du Chriſtianiſme comme une doctrine pernicieuſe ; & meſme qu'elle
a eſté bannie autrefois de l'Univer-
ſité de Paris par ~~Arreſt du Parle-
ment~~ *le coneile qui y a eſte tenu en 1200*

Si cela eſt , dit Eulalie , ceux qui la
ſoûtiennent ne doivent point paſſer
pour trop bons Catholiques ny trop
bons François.

Je ne dis pas cela , repartit Staſimaque , & je croy qu'il ne ſeroit pas
mal-aiſé à un homme qui entendroit
bien la Religion , de faire l'Apologie
d'Ariſtote.

Pour ce qui eſt de la Nation , il
me ſemble que l'on devroit plûtoſt
ſuivre un François & un Catholique
comme Deſ-Cartes ou Gaſſendy que
non pas un Payen & un Grec , puiſque l'on ne s'attache pas à ſes opinions par raiſon , mais par coutume,
& à cauſe ſeulement qu'elles ſont
les plus anciennes.

Je ſerois curieuſe de ſçavoir une
choſe , luy dit Eulalie , quels ont

esté les veritables motifs de voftre converfion.

Ils ont efté, ce me femble, affez raifonnables, répondit Stafimaque. Voicy ceux que je vous puis découvrir prefentement Aprés m'eftre élevé autant que mon âge me le permettoit aux degrez fcientifiques, dont on honnore dans le païs Latin ceux qui ont étudié les opinions que l'on y enfeigne; je me mis un jour à faire reflexion fur ce que j'y avois appris. Je fus affez étonné de trouver que j'avois perdu ma peine, & que je n'eftois habile qu'en parchemin & dans mes lettres de capacité.

Qui vous donna lieu de croire cela, demanda Sophie?

Je remarquay, continua Stafimaque, que tout ce que je fçavois n'étoit d'aucun ufage dans le monde que pour faire fortune par une certaine voye où je ne voulois pas entrer. Je voyois que les honneftes gens ne pouvoient fouffrir noftre maniere de raifonner; que mefme je ne la pou-

vois gueres employer qu'en Latin ;
que l'on me démontoit entierement,
lorſque l'on m'obligeoit de m'expliquer intelligiblement & de ne me
point ſervir de certains mots ny de
certaines phraſes que je pretendois
eſtre conſacrées ; que quand ma memoire ne me les fourniſſoit pas à
point nommé , je demeurois court ;
& enfin que je ne pouvois trouver
ſolution à mille difficultez qui me
venoient ſur les choſes que je tenois
auparavant pour les plus certaines
& les plus claires. Vous vous imaginez bien que cette penſée ne me
donna pas peu de chagrin, de voir
qu'aprés avoir étudié depuis neuf
ans juſques à vingt avec beaucoup
d'application & de ſuccez pour un
écolier , je n'eſtois gueres plus avancé que ſi je n'euſſe jamais rien fait ,
& qu'il me falloit recommancer
tout de nouveau , ſelon l'avis de
quelques perſonnes avec qui je
m'entretenois.

Comment conſideriez vous les

femmes en ce temps-là, demanda
Eulalie ?

Faut-il demander cela, répondit
Stasimaque. Vous devez bien juger
que pendant que j'ay esté scholastique, je les ay considerées scholasti-
quement, c'est à dire comme des
monstres, & comme estant bien inferieures aux hommes, parce que
Aristote & quelques Theologiens
que j'avois lus, les consideroient de
la sorte. Pour revenir, aoûjta-t-il,
un jour que j'estois dans un extreme
dégoust pour toutes les sciences de
l'Ecole, il m'arriva par le plus grand
bonheur du monde, que je me laissé conduire par un de mes amis à une
compagnie ou un Cartesien nous
parla de quelque chose qui concerne le corps humain. Comme j'avois
beaucoup perdu de cét esprit de contradiction & de chicane si familier
aux gens du païs, j'écoutay fort pai-
siblement un homme, qui n'auroit
pas eu si bon marché de moy dans
un autre temps, & dont j'avois rail-

lé cent fois la Doctrine , fans en
avoir jamais vû les livres feulement
par la couverture. Je vous avoüe
que je fus fort furpris de ne rien entendre que d'intelligible & de clair;
de voir que l'on raifonnoit fur des
principes fi fimples & fi vrais que je
ne pouvois m'empefcher d'en tomber d'accord ; & que l'on en tiroit
des conclufions qui donnoient en
peu de mots l'éclairciffement de certains myfteres qui m'avoient prodi-
gieufement embarraffé. Enfin plus
cét homme difoit de chofes , plus il
me fembloit qu'il avoit de raifon &
de bons fens. Sçavez-vous ce qui
me vint dans l'efprit , aprés que je
l'eus quitté : que les Cartefiens
eftoient autres qu'on ne me les avoit
dépeints ; que leur crime eftoit de
ne point tant faire les habiles , & de
rendre les chofes trop fenfibles &
trop palpables pour leurs ennemis
qui aiment un peu le myftere. Je
commençay à me défier de mes
Maiftres , & à croire qu'ils avoient

esté comme moy les dupes de l'opinion & de la coutume. Je changeay en estime, le mépris & l'aversion que l'on m'avoit inspirée pour Des-Cartes; je pris la resolution de l'étudier, permettant à ma memoire d'oublier tout ce que j'avois appris; & je me suis si bien trouvé de ce changement, qu'en six mois j'ay plus fait de progrez suivant à peu prés la methode dont je vous ay parlé, que je n'avois fait en six années suivant la methode vulgaire. Et je vous assure qu'encore qu'il y ait plus de trois ans que je n'aye lû de Philosophie, neanmoins en faisant reflexion sur moy-mesme, en la maniere que je vous ay dit, j'ay plus avancé que si j'avois toûjours esté dans les livres.

A ce que je voy, reprit Timandre, vous ne craignez pas de passer pour Cartesien, puisque vous vous declarez si formellement.

Je ne crains pas, repartit Stasimaque, de passer en cette qualité
auprés

auprés des personnes raisonnables
comme vous, qui ne cherchent que
la verité, & ne se soucient pas de
quel costé elle leur vienne. Si je me
suis declaré devant vous, c'est que
je n'ay pû faire autrement, estant
obligé de marquer à Eulalie les Livres dont elle a besoin. Car sans cela, vous n'en eussiez rien sceu que
par conjecture. Je suis persuadé
qu'il est d'un honneste homme de
ne point prendre de party, & de ne
se declarer pour qui que ce soit en
particulier. Il faut simplement faire
profession de suivre la raison & le
bon sens. Et quand on rencontre
des gens qui demandent pour qui
l'on tient, le plus court & le meilleur est de dire que l'on ne tient
pour personne ; que l'on est amy
d'Aristote, de Platon & de Des-Cartes, mais qu'on l'est encore davantage, de la verité ; Et que la maniere dont nous pensons sur une chose,
est nostre maniere particuliere, non
pas celle d'un autre, quoy que

F f

nous luy foyons conformes.

Ce que dit Stafimaque , me revient fort , reprit Sophie. En effet ,
lorfqu'à force de mediter nous fommes entrez dans certains principes,
quoyque nous les ayons pris d'un
fçavant homme , ce ne font plus les
fiens , mais les noftres. La peine que
nous nous fommes donnée pour les
comprendre eft le prix par lequel
nous en avons acquis la proprieté ;
& ils ne nous appartiennent pas
moins que les biens du corps dont
nous fommes devenus les maiftres
par une voye legitime.

On peut dire mefme que la poffeffion des biens de l'efprit eft plus
legitime que de ceux du corps. Car
outre que nous les pouvons cacher,
que nous ne les pouvons perdre
qu'avec la vie, & que tout le monde en peut joüir également fans s'in-
commoder les uns les autres ; il eft
conftant que l'application & le
temps qu'ils nous ont coufté font
fans comparaifon plus precieux que

l'or & l'argent. Et comme nous ne
sommes pas obligez de marquer les
personnes de qui nous sont venuës
les richesses que nous avons ; & que
nous ne gardons & ne montrons nos
titres que pour nous maintenir dans
une possession que nous pouvons
perdre, il n'y a nulle necessité de
dire, ny mesme de nous souvenir de
qui nous avons appris ce que nous
sçavons, n'en estant redevables
qu'à nous mesmes.

On peut nous faire une donnation,
dit Eulalie, sans que nous le sça-
chions, ou que nous y contribuïons
autrement que par le consentement
que l'on nous demande. Mais pour
les sciences, quelque volonté qu'ait
une personne de nous faire part de
la sienne, il faut y concourir avec
elle, & achepter par son propre travail le present qu'elle nous veut
faire.

Je vous avouë, dit Stasimaque,
que je n'ay point de plus grand plaisir que de communiquer le peu de

lumieres que j'ay acquifes ; mais ce
plaifir feroit mille fois plus grand,
fi cela fe pouvoit faire en un quart
d'heure. Eulalie eft la perfonne du
monde à qui j'ay eu plus d'envie de
faire un prefent de tout ce que j'ay
dans l'efprit, luy donnant en une
aprefdinée ce qui m'a coufté des années entieres. Mais j'ay la douleur
de ne pouvoir faire autre chofe pour
elle que de luy donner quelques
avis pour luy épargner un peu de
travail & de temps.

Puifque les Autheurs, dit Sophie,
ne nous fçauroient rien apprendre,
que nous ne l'acheptions bien cher ;
Je m'eftonne que les gens s'in-
tereffent fi fort dans la reputation de ceux dont ils ont lû les ouvrages.

C'eft une manie, reprit Timandre, dont le monde a toûjours efté
poffedé. On fe met autant en peine
de la gloire d'un Philofophe ou d'un
Theologien celebre, que fi l'on
eftoit fon proche parent ou fon he-

ritier comme si en donnant leurs ouvrages au public, ils n'en avoient
pas abandonné la proprieté & la
censure, à ceux qui les acheptent &
les lisent. Et quand je rencontre de
ces gens qui se chargent de la reputation d'un sçavant dont ils ont étudié les écrits, qui le citent sans cesse,
qui se soucient plus de sa personne
que de la verité qu'il enseigne, qui
s'affligent moins de voir attaquer sa
doctrine, que l'honneur qu'ils se figurent luy estre dû, & qui veulent
que tout le monde le suive; je m'i-
magine voir des gens de livrée qui
n'oseroient dire que l'habit qu'ils
portent est à eux, ou bien des fa-
cteurs qui n'ont autre soin que d'appeller les chalans, & de debiter des
marchandises qui ne leur appartiennent pas.

Ceux qui ont pour la verité une
amour pur & sincere, dit Stasimaque, ne s'attachent qu'à elle seule;
ils la cherchent par tout, & ils la
trouvent par tout, dans Aristote

F f iij

comme dans Def-Cartes. Comme ils
font de toutes les fectes fans eftre
d'aucune en particulier , ils profi-
tent de ce qu'elles peuvent avoir de
bon ; dans les unes ils eftiment le
fond des chofes , dans les autres ils
approuvent les manieres , en d'autres ils loüent l'intention , & fça-
chant ainfi le fort & le foible du
monde , ils n'ont point de peine à
s'accommoder à tout. Ils font aimez de tous , fans eftre haïs de perfonne. On n'eft point en garde contre eux ; on reçoit avec moins de
foupçon les opinions qu'ils infi-
nuënt , & fans avoir part à l'aver-
fion que chacun a pour les fectes qui
font contraires à la fienne , ils joüif-
fent des avantages de toutes & n'en
ont point les incommoditez.

Cette indifference pacifique , interrompit Sophie , eft bien oppofée
au zele indifcret de ces gens qui veulent obliger tout le monde à eftre de
leur fentiment , & ne donnent point
de repos que l'on ne témoigne en
eftre convaincu.

Il n'y a rien de plus pernicieux,
reprit Stasimaque, que cét empres-
sement importun d'établir ses opinions. Car outre qu'il oste la liberté que nous nous devons laisser les
uns aux autres ; qu'il trouble nostre
repos, & qu'il est contraire à l'esprit de la verité si ennemy de la con-
trainte & de la violence ; il produit
encore des divisions, des haines, des
tumultes & des guerres civiles, bien
plus funestes que les guerres qui se
font pour l'interest ou pour la gloire.

Je croy, dit Timandre, qu'une
marque des plus certaines de prevention ou d'erreur, c'est de ne vouloir pas estre contredit, & d'employer les injures, les menaces, le
fer & le feu pour obliger les autres à
parler comme nous.

Lorsque l'on est avec des gens de
cette sorte, dit Stasimaque, le plus
seur est de ne rien dire, & s'ils ont
le dessus du vent & qu'ils demandent le salut, il faut baisser le pavillon. Ils ne veulent pas qu'on les dé-

F f iiij

trompe ; c'est folie de l'entreprendre. Ils font refolus de demeurer
aveuglément dans les opinions qu'ils
ont embraffées dés leur enfance ; ils
fe font une vertu de ne les point
quitter, quelque verité qu'on leur
propofe ; on doit les laiffer en paix ,
comme nous voudrions qu'ils nous
y laiffaffent. Tout ce que l'on peut
faire au plus , quand on s'entretient
avec eux , c'eft de propofer fes fentimens , par maniere de difficultez ,
fans neanmoins témoigner trop d'ardeur pour en avoir l'éclairciffement.
Car la plufpart des demy-fçavans,
& notamment des fcholaftiques entre plufieurs défauts tres-incommo-
des ont encore celuy d'attribuer à
un homme comme fes propres fentimens , les objections qu'il leur
fait, lorfqu'ils n'y fçauroient répondre. C'eft pourquoy la charité que
nous devons avoir pour eux & pour
nous mefmes ne permet pas toûjours
de les pouffer à bout , fi ce n'eft que
l'on vift manifeftement que cela pût

fervir à les convertir, ou à rabaiffer
l'orgüeil & l'infolence qui font de
leur caractere. Enfin il fe faut ménager avec tous ceux qui font efclaves de l'opinion, comme avec gens
capables de faire infulte à un homme
de bien, de le flétrir & de le perdre.
Ce qui n'eft arrivé que trop fouvent.

Il faut étudier pour foy feul &
comme fi l'on eftoit feul; penfer le
mieux que l'on peut, puifque l'on
ne penfe pas comme l'on veut; & de-
meurant parmy les hommes, parce
que l'on ne s'en peut feparer abfolument, ne pas faire paroiftre trop
d'efprit, ne pas exercer fa raifon fur
toutes chofes en leur prefence, puifqu'ils y trouvent à redire; remarquer leurs préjugez, leurs erreurs,
& leurs folies; confiderer fans intereft tous les fçavans partagez, fe
dechirer l'un l'autre avec fureur; obferver les contradictions où ils tombent, les abfurditez qu'ils foutien-
nent, & les fantofmes qui les occu-

pent, & fans prendre part à leurs
querelles, fe mettre plus en peine
de les excufer que de les condamner,
& rechercher tranquillement la verité, comme Eulalie témoigne en
avoir le deffein.

Cét avis me paroift excellent, dit
Sophie. Car outre que cette indifference que vous confeillez d'avoir
pour toute forte d'opinions, nous
rend tranquilles & commodes, &
nous met en eftat de difcerner utilement ce que chacune peut avoir de
bon; elle fait encore, ce me femble, que les vrays fçavans qui re-
connoiffent en nous une difpofition
fi favorable à la verité, n'ont point
de peine à nous faire part de ce qu'ils
fçavent de curieux dont ils ne parlent jamais à ceux qu'ils trouvent
enteftez. Ainfi les gens d'efprit peuvent aifément profiter du travail
d'autruy, & apprendre en une converfation ce qui aura coufté des années entieres à rechercher, & que
mille gens ne trouveront point au-

trement. Car non seulement il y a
quantité de belles choses que l'on ne
donne point au publics, soit que l'on
n'ose, ou que l'on n'y songe pas ;
mais encore il est tres-difficile de les
recouvrer, lors mesme qu'elles sont
publiques, tant parce que les livres
qui les contiennent sont tres-rares,
ou qu'on ne les connoist pas, que
parce qu'ils sont pour l'ordinaire en
Latin.

Le monde, dit Eulalie, estant bizarre comme il est, le moyen de faire connoistre aux gens que l'on aime
la verité, & de connoistre s'ils l'aiment aussi ?

Cela n'est pas si difficile, répondit
Stasimaque. Lorsque l'on n'est point
prevenu, l'on juge bien-tost si les
autres le sont. Et cela se reconnoist
encore mieux quand on s'est accoûtumé quelque temps à observer l'esprit du monde, & à faire reflexion
sur soy-mesme & sur toutes choses,
en la maniere que nous avons dit.
Car cette étude nous apprenant

comment les hommes connoiſſent
les choſes ordinairement, & quel
eſt le motif de leur perſuaſion, elle
nous en apprend auſſi le fort & le
foible, & nous rend capables de
nous bien conduire avec eux. Je
vous diray cependant qu'il faut un
peu hazarder dans le commerce, &
jetter des paroles dans les entretiens
pour juger de l'eſprit des perſonnes,
par la façon dont ils les reçoivent.
Car ſelon que l'on voit qu'ils ſuivent, qu'ils relevent ou qu'ils
rejettent ce qu'ils entendent, on
prend les meſures que l'on trouve
les meilleures. Mais pour joüer à
coup ſeur, & ne rien perdre en riſ-
quant, il faut s'accoutumer à tourner ſi bien ſes penſées qu'elles ayent
toûjours pluſieurs faces; afin d'avoir
quelque biais pour ſe ſauver, s'il arrive que quelqu'un les regarde par
un coſté qui ne luy plaiſe pas.

Dans les cercles, dit Timandre,
les femmes ont un avantage que
nous n'y avons pas, nous autres

hommes. Car outre la déference que l'on a pour ce qu'elles difent, le préjugé qui fait croire qu'elles ont moins d'efprit & de fermeté que les hommes , leur eft tres-favorable en matiere de fcience. Non feulement on les menage & on les fupporte, quand on les croit dans l'erreur: Mais mefmes quand avec cela elles paffent pour avoir de l'efprit , on fe contente de dire qu'elles l'ont mal tourné , & qu'elles ne font que des femmes. Vous fçavez bien que l'on entend par ce mot , *legeres , opiniâtres , & peu capables des grandes veritez.* Pour les hommes , comme on leur attribuë plus de folide, on fe choque davantage de les voir dans un avis contraire au fien , & on les pouffe plus loin.

Il me femble , dit Eulalie , que ce préjugé qui nous eft avantageux d'un cofté , nous eft defavantageux de l'autre. Comme nous fommes en reputation d'eftre peu difcrettes , fu-

jettes au babil & à la superstition,
& sottement zelées, je m'imagine
que les Doctes ont de la peine à nous
découvrir leurs secrets.

Il est certain, dit Stasimaque, que
pour peu qu'ils ayent de prudence,
ils se cachent à ceux qui ont ces mauvaises qualitez. Mais lorsqu'ils s'en-
tretiennent avec des personnes raisonnables & judicieuses, qui ne sa-
crifient pas leur bon sens aux opinions populaires, & qui aiment à
estre détrompez, en un mot, qui
ont toutes les bonnes qualitez d'Eulalie, ils parlent toûjours à cœur
ouvert.

Vous mettez sans doute la beauté, reprit Timandre, entre les qualitez d'Eulalie. Car j'ay remarqué
que lorsque cét avantage est accompagné d'esprit, il donne aux femmes
un Ascendant si fort & si absolu sur
le cœur des sçavans, qu'elles en ti-
rent tout ce qu'elles veulent. J'en
connois un, ajoûta-t-il, qui ne s'ac-

corde pas avec le vulgaire en beaucoup de chofes, lequel m'avoüoit
dernieremét que lor'qu'il eft en converfation avec des Dames fort fpiri-
tuelles qu'il me nomma, lefquelles
font dans cette heureufe difpofition
dont nous parlons, il n'a point de
fecret pour elles; & que bien loin
de garder avec elles autant de pre-
caution qu'avec les hommes, il fent
en luy je ne fçay quoy qui le force de
leur dire tout ce qu'il fçait.

C'eft en ces rencontres, interrompit Eulalie en fouriant, qu'il faudroit dire qu'il y a dans les hommes & dans les femmes, non pas un
Demon, mais un Genie correfpon-
dant.

Appellez cela comme il vous plaira, luy dit Stafimaque. Dites fi vous
voulez que c'eft un Demon, un Genie, une Inclination, un Inftinct,
un je ne fçay quoy; pourveu que le
mot ne vous fafle point de peur, je
vous affure qu'il y en aura toûjours

un en moy qui vous fera si favorable, que vous luy ferez dire tout ce
qu'il sçaura.

Je voudrois bien, dit Timandre,
pouvoir persuader la mesme chose à
Eulalie.

Je n'ay pas lieu de douter de vôtre honnesteté, répondit Eulalie,
non plus que de celle de Stasimaque.
Je m'estime heureuse d'avoir eu le
bien de me rencontrer avec vous; &
j'espere que quand je me rencontre-
ray avec des gens d'esprit & de merite qui vous ressembleront, j'auray
part à leurs lumieres, comme vous
avez eu la bonté de me faire part des
vostres.

Là-dessus ces quatres personnes
se leverent & sortirent du lieu où elles estoient. Et aprés s'estre témoigné beaucoup d'estime de part &
d'autre, ils resolurent de former entr'eux une petite societé, de se voir
le plus souvent qu'ils pourroient,
& de s'entretenir selon les maximes

ximes qu'ils avoient établies, pour
joüir enfemble de cette liberté raifonnable qui fait partie de la douceur de cette vie, & qui diftingue
ceux qui en fçavent bien ufer d'avec
la multitude groffiere & preoccu-
pée.

F I N.

Fautes capables d'arrefter.

Page.	ligne.	lifez.
14.	10.	foblement.
45.	17.	croyoient.
31.	12.	fi Prifcilla femme d'Aquila &c.
	en marge.	act. 18.
61.	17.	fons.
93.	2.	Rabins.
110.	19.	pour y répondre.
112.	16.	foumiffion qui leur &c.
131.	derniere.	c'eft autant.
131.	16.	noftre.
205.	9.	c'eft à dire adverfaires, *doit eftre en marge.*
276.	4.	je n'aye.
285.	22.	oftés, *en.*
306.	10.	confiderées.
309.	14.	premier tome de
216.	& 152.	il ne faut rien en marge.

352. 22 et 23 elles au lieu d'elle
Gg et deux

TABLE
DES MATIERES
PRINCIPALES.
PREMIER ENTRETIEN.

DEUXIE'ME ENTRETIEN.

DES MATIERES.

TROISIE'ME ENTRETIEN.

Gg ij

TABLE

DES MATIERES.

QUATRIE'ME ENTRETIEN.

Gg ij

TABLE DES MATIERES.

CINQUIE'ME ENTRETIEN.

DAns le cinquiéme on parle des livres qu'il faut lire, de la maniere d'étudier, & de ſe conduire dans le monde, à l'égard des opinions, & de la Philoſophie de l'Ecole & de celle de Des-Cartes.

Permis d'imprimer. Fait ce 30. de May 1674.

DE LA REYNIE.

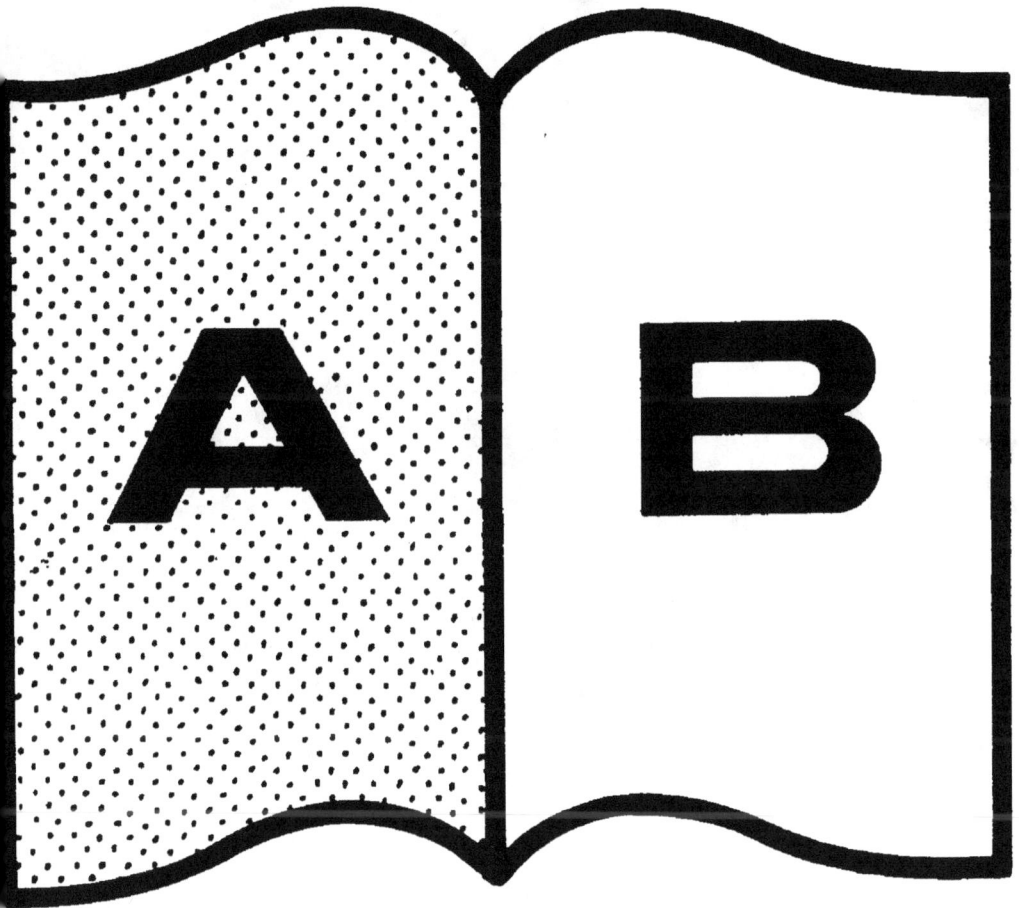

Contraste insuffisant

www.ingramcontent.com/pod-product-compliance
Lightning Source LLC
Chambersburg PA
CBHW071624270326
41928CB00010B/1770